ETUDE SUR LE ROLE DE L'AZOTE

DANS LA CONFECTION DES ENGRAIS ORGANIQUES

ET

DANS L'ALIMENTATION SOUTERRAINE DES PLANTES,

Par

Mr VIALA, AGRICULTEUR.

> Malheureusement, aujourd'hui, la critique scientifique est presque abandonnée.
>
> BARRAL
>
> *Journ. d'agr prat. 20 sept. 1859.*

PARIS
LIBRAIRIE AGRICOLE
Mme Ve Bouchard-Huzard,
Rue
de l'Eperon-St.-André, 5.

CASTELNAUDARY
LIBRAIRIE
Louis Groc.

1860.

ETUDE

SUR LE ROLE DE L'AZOTE

DANS LA CONFECTION DES ENGRAIS ORGANIQUES

ET

DANS L'ALIMENTATION SOUTERRAINE DES PLANTES,

Par

Mr VIALA, AGRICULTEUR.

> Malheureusement, aujourd'hui, la critique scientifique est presque abandonnée.
>
> BARRAL
>
> *Journ. d'agr. prat. 20 sept. 1859.*

PRIX : 1 fr. 50 c.

PARIS
LIBRAIRIE AGRICOLE
Mme Ve Bouchard-Huzard,
Rue
de l'Eperon-St.-André, 5.

CASTELNAUDARY
LIBRAIRIE
Louis Groc.

1860.

CASTELNAUDARY. — LOUIS GROC, IMP.-LIB.

A

Monsieur le Président

Et à Messieurs les Membres

Du Comice agricole de Castelnaudary

Témoignage de reconnaissance et d'affectueuse confraternité.

Mel VIALA.

AVANT-PROPOS.

Longtemps avant de songer à la publication de *cette Etude sur le rôle de l'Azote dans l'alimentation souterraine des plantes*, nous avons cherché à recueillir des conseils et des critiques propres à rectifier ce que nos opinions pourraient avoir de défectueux. Nous en avons donné lecture au sein du Comice agricole de Castelnaudary, dont nous avons l'honneur d'être membre ; nous l'avons communiquée à quelques amis ; enfin nous avons voulu obtenir le jugement de l'Académie impériale des Sciences. Il ne nous a pas été donné de connaître l'appréciation de notre œuvre par cette savante assemblée. Les commissaires qu'elle avait nommés pour en faire l'examen n'ont pas jugé à propos de présenter leur rapport.

Quels que soient nos regrets à cet égard, nous n'en regardons pas moins comme un devoir, lorsque nous croyons posséder une vérité utile, d'ouvrir la main pour la répandre.

A défaut de la censure de l'Institut, nous n'avons à nous occuper que des critiques que nous devons à nos collègues du Comice agricole ou à des amis sincères : elles se réduisent à deux.

On nous a objecté que notre théorie sur le mode d'absorption des engrais était très-incomplète, attendu qu'elle ne s'appliquait qu'aux engrais organiques et qu'elle passait sous silence une foule d'autres engrais de nature et de composition toute différentes et dont, à coup sûr, il était impossible d'expliquer les effets en ne se fondant que sur l'action alkaline de l'ammoniaque.

En second lieu on nous a opposé l'opinion de tous les auteurs qui s'accordent à reconnaître que le carbone n'est absorbé par les racines qu'à l'état d'acide carbonique, ce qui exclut formellement l'absorption du carbone sous une autre forme.

Ces deux critiques nous ont paru dignes de toute notre attention, la première, parce qu'elle exprime une idée qui est partagée, non-seulement par la majorité des agriculteurs, mais même par certains agronomes ; la seconde, parce qu'elle est la base même de l'enseignement actuel, tant dans les livres des chimistes, que dans les cours publics de physiologie végétale et de chimie.

Chacune de ces questions a donné lieu à la rédaction d'un article de considérations préliminaires que nous publions en tête de notre petit ouvrage, le premier sous ce titre : *Qu'est-ce qu'un engrais?* le second sous le titre suivant : *De l'absorption du carbone par les racines.*

Les principes que nous cherchons à établir dans ces deux chapitres seront des prémisses pour la démonstration de notre nouvelle théorie sur le rôle de l'azote dans l'alimentation des plantes.

En même temps que nous recevions avec reconnaissance les observations que nous adressaient plusieurs de nos collègues du Comice agricole, nous avons remarqué que d'autres, d'ailleurs très-zélés et très-intelligents, s'abstenaient de toute participation à la discussion. C'étaient ceux à qui, dans leur jeunesse, des études d'un autre ordre, et plus tard leurs fonctions, leurs devoirs ou leurs affaires, n'avaient pas laissé les loisirs nécessaires pour se livrer à l'étude des sciences naturelles. Cette remarque nous a engagé, dans le bût d'être utile à cette partie si intéressante de notre Comice et probablement à un bon nombre de membres de tous les Comices de France, à donner à la rédaction de notre opuscule une forme souvent élémentaire; nous n'avons pas hésité à y insérer des détails pratiques et à y reproduire des principes dont l'exposé paraîtra bien superflu aux savants; mais nous supporterons aisément toute critique à cet égard, si, selon nos vœux, la forme que nous avons adoptée rend notre ouvrage accessible à un plus grand nombre de lecteurs.

Nous ne terminerons pas cet avertissement sans faire observer que l'Institut ne s'étant pas prononcé sur le mérite de notre nouvelle théorie, elle ne doit être considérée, jusqu'à ce que les savants l'aient adoptée, que comme l'opinion personnelle d'un agriculteur dont le talent est loin d'égaler les bonnes intentions, et qu'on ne doit accepter qu'avec la même réserve tout ce qui, dans nos deux chapitres de considérations préliminaires, n'est pas conforme aux théories qu'enseignent les savants dont l'opinion fait autorité.

Le temps nous jugera bientôt.

Castelnaudary, le 1er juin 1860.

ETUDE

SUR LE ROLE DE L'AZOTE

Dans la confection des engrais organiques et dans l'alimentation souterraine des plantes.

I

PROLÉGOMÈNES.

Qu'est-ce qu'un engrais ?

La dissémination des graines dépend bien souvent du hasard : les vents les transportent ; les animaux les dispersent ; plusieurs causes accidentelles les font tomber dans des positions très-diverses, et, de là, dans la végétation des plantes, des différences de grandeur qui méritent d'être observées. Lorsqu'une graine a germé dans une fissure de rocher ou sur des graviers aussi stériles que du sable calciné, elle continue pourtant quelquefois à végéter, et, quoique très-grêle, elle fleurit et produit même des graines fertiles lorsque les circonstances météorologiques lui ont été assez propices (1).

(1) Nous ne parlons pas ici des plantes grasses ni des cryptogam qui ont des conditions d'existence exceptionnelles.

Il n'est pas de botaniste qui n'ait observé des plantes vivant dans ces conditions misérables et réduites à des proportions si exiguës qu'un œil exercé peut seul les reconnaître. La plante venue dans une position si désavantageuse s'atrophie d'autant plus qu'elle est plus longtemps ou plus souvent exposée à la sécheresse ; car les feuilles ne peuvent utilement décomposer l'acide carbonique de l'air que lorsqu'elles sont imprégnées d'eau. Sans la présence de l'eau, le carbone déposé sous forme sèche sur les bords des stomates, engorgerait leurs orifices et ne pourrait être utile à la plante. Pendant la sécheresse la végétation est suspendue, et lorsqu'elle se prolonge trop longtemps la plante meurt.

Hâtons-nous de le dire : les exemples que nous venons de citer ne constituent qu'une rare exception, et les plantes ainsi rabougries doivent être considérées comme des avortons n'ayant pour les physiologistes et les agriculteurs qu'un seul intérêt, celui de démontrer que pour vivre à l'état normal les plantes ont besoin d'avoir leurs racines plongées dans le sol.

Il n'y a que les plantes qui ont germé et ont poussé leurs racines dans la terre que l'on considère comme vivant à l'état naturel. Celles-ci, nées spontanément dans un terrain sans préparation et sans fumure, vivent au moyen de l'acide carbonique et de l'azote contenus dans l'air, et de l'eau dont la terre est toujours plus ou moins abreuvée. Elles trouvent en même temps dans la terre les matières inorganiques qui leur sont utiles, un peu de carbone que les fanes des années précédentes y ont déposé et l'azote fourni par l'atmosphère, soit à l'état d'ammoniaque, soit sous forme d'acide nitrique.

A ce modeste régime les plantes vivent et se reproduisent; elles acquièrent des proportions assez constantes pour que les botanistes regardent comme un caractère bon à signaler la hauteur à laquelle elles s'élèvent. Leurs fleurs sont simples, leurs fruits petits et en général peu succulents; elles ont besoin de croître un peu isolées les unes des autres pour trouver dans le sein de la terre assez d'aliments pour leur accroissement.

Il arrive parfois, au contraire, qu'une graine tombe sur une terre meuble, profonde, et dans laquelle se trouve déposée une grande quantité de détritus de matières organiques: alors on voit la plante prendre des proportions inaccoutumées; sa racine est plus grosse ou plus ramifiée; sa tige est plus forte; ses feuilles plus grandes; ses fleurs plus nombreuses; ses fruits mieux nourris; on croirait tout d'abord, en la voyant, rencontrer une espèce nouvelle. Ce n'est qu'en l'examinant de près qu'on s'assure qu'elle est de la même espèce que l'individu qui vit à quelques pas d'elle et dont elle se distingue seulement par l'exubérance de toutes ses parties, autant que celle que nous avons vu végéter sur la pierre en diffère par son rapetissement maladif.

En observant la gradation que présente une même plante dans les trois états que nous venons de décrire et qui tiennent aux conditions au milieu desquelles elle a végété, l'homme a dû comprendre, d'une part, ce qui dans le premier cas manquait aux plantes pour jouir de la plénitude de la vie, de l'autre quelles étaient les circonstances dans lesquelles elles étaient susceptibles de parvenir à un développement supérieur à celui qui leur est naturel, et il a dû s'appliquer, en les cultivant, à éviter ce qui était défavorable et à imiter ce qui était avantageux.

Les moyens qu'il a inventés, pour favoriser le développement des plantes dont il a fait choix parmi les espèces naturelles à cause de l'utilité qu'il en attend, sont nombreux et variés et constituent l'art de l'agriculture. Ce n'est pas ici le lieu de les décrire ni de les énumérer. Nous n'avons à parler, selon la tâche que nous nous sommes imposée, que de ce qui a trait à l'alimentation artificielle des plantes par les racines, c'est-à-dire des moyens employés pour faire absorber aux plantes dans le sein de la terre une plus forte proportion d'aliments que celle dont elles peuvent disposer à l'état naturel et en dehors de toute intervention de l'homme.

De quelle manière l'homme peut-il exercer son influence sur la nutrition des plantes ?

Les plantes ayant deux espèces d'organes propres à l'absorption des aliments, savoir, les feuilles et les racines, on comprend qu'il peut y avoir deux méthodes pour arriver à leur engraissement :

1° L'engraissement par les feuilles,
2° L'engraissement par les racines.

Nous dirons peu de chose de la première de ces deux méthodes, non-seulement parce qu'elle est en dehors du plan de notre étude actuelle, mais encore parce que nous ne nous sentons pas capable d'avoir une opinion arrêtée sur une méthode encore neuve et peu avancée. Nous nous bornerons ici à expliquer en quoi elle consiste ; mais plus loin nous en reparlerons pour faire connaître son but et ses moyens et afin de mieux établir la distinction entre cette méthode et celle qui se propose de parvenir à l'engraissement des plantes en leur faisant absorber des aliments par les racines.

1° *Engraissement par les feuilles.* — Ce que les plantes absorbent par les feuilles, c'est surtout l'acide carbonique ; mais ce gaz n'entre dans la composition de l'air que pour quatre dix-millièmes. Aussi une des premières pensées qui a dû se présenter à l'esprit des agronomes, c'est qu'en faisant végéter les plantes dans une atmosphère plus riche en acide carbonique elles acquerraient un plus grand développement. M. de Saussure ayant fait, à ce sujet, une série d'expériences, a reconnu que les plantes, loin de prospérer, ne pouvaient pas vivre au milieu d'un air qui renfermait une trop grande quantité d'acide carbonique ; qu'elles étaient même languissantes lorsque la proportion d'acide carbonique était de un cinquième, mais qu'au contraire, dans une atmosphère qui contenait seulement 7 à 8 centièmes d'acide carbonique, elles avaient une végétation plus vigoureuse qu'à l'état naturel.

L'observation journalière confirme cette expérience. On voit les terrains qui sont au centre ou aux abords des villes, dans lesquelles il y a une constante production d'acide carbonique, offrir, toutes choses égales d'ailleurs, une végétation plus luxuriante que dans la campagne. Toutefois il faut reconnaître que l'agriculture ne peut pas faire son profit de cette expérience de M. de Saussure, parce qu'elle est impraticable en grand.

On ne cherche donc pas dans la méthode de l'engraissement par les feuilles à changer la composition de l'air atmosphérique afin de le rendre plus riche en éléments nutritifs pour les plantes, mais on cherche les moyens d'arriver à leur engraissement en donnant à leurs feuilles une plus grande activité dans l'acte de l'absorption des éléments qui se trouvent naturellement dans l'atmosphère. Le procédé consiste à stimuler les fonctions vitales des plantes au moyen de certains agents mis en contact avec leurs racines. Voilà pourquoi la méthode de l'engraissement des plantes par les feuilles a reçu le nom de méthode des stimulants. M. Boussingault a déjà publié des travaux intéressants sur cette méthode et fait connaître les résultats obtenus. Nous en parlerons, comme nous l'avons déjà annoncé, un peu plus loin.

2° *Engraissement par les racines.* — Les matières destinées à l'alimentation souterraine des plantes pour servir à leur accroissement, c'est-à-dire celles que l'on destine à être absorbées par les racines, ont reçu, par analogie, le nom d'engrais. Ici nous arrivons au cœur de la question que nous voulons traiter; nous ne devons pas hésiter à entrer dans tous les développements qu'elle comporte. Avant d'aller plus loin nous devons poser cette question importante : Qu'est-ce qu'un engrais ?

Au point où est aujourd'hui, nous ne dirons pas la science, mais la doctrine des engrais, la réponse est ou d'une extrême facilité, ou presqu'impossible.

Il serait très-facile de répondre, si tout ce que l'on qualifie d'engrais méritait, en effet, ce nom. Les engrais seraient tout ce que les agriculteurs ajoutent au sol dans le but, la croyance ou l'espoir de favoriser la végétation et d'augmenter le produit d'un champ.

Mais si, au contraire, on ne veut désigner par le nom d'engrais que les substances qui alimentent réellement la plante en lui fournissant *directement* un supplément aux matériaux qu'elle emprunte à l'atmosphère, le problème devient très-difficile.

En effet les plantes prospèrent sous l'influence de diverses substances dont les unes sont entièrement assimilables et dont les autres ne servent qu'à favoriser l'absorption des aliments, sans être aliments elles-mêmes. Les unes et les autres ont de l'utilité; mais doivent-elles porter le même nom? et si l'on veut établir une distinction entr'elles où sera la limite qui les séparera ?

La distinction absolue serait d'autant plus difficile dans

la pratique, que nous ne connaissons aucun corps qui possède exclusivement un seul mode d'action sur les plantes ; mais elle est au contraire aisée à établir théoriquement et elle a toujours paru si utile aux meilleurs auteurs, qu'ils ont depuis longtemps établi trois classes distinctes entre les corps mis en usage pour favoriser le développement des plantes, savoir : les engrais, les stimulants et les amendements.

Malheureusement on a depuis quelque temps négligé cette distinction à laquelle il faut absolument revenir si l'on veut mettre un terme à tout ce qu'offrent aujourd'hui de vague et d'incohérent les mille opinions flottantes des agriculteurs sur le compte des engrais. La nécessité du retour à l'adoption des véritables noms de chacun de ces agents se fait d'autant plus sentir maintenant que la confusion des mots a fait naître la confusion des idées, et celle-ci l'égarement de l'expérience ; or, quand l'expérience amène à de fausses conséquences elle porte une atteinte mortelle au véritable progrès.

Voyez où en est aujourd'hui le langage des agriculteurs et même de certains auteurs relativement aux engrais.

J'appelle engrais, dit l'un d'eux, tout ce qui favorise la végétation. D'après cette définition la charrue serait un engrais.

Quelques-uns appellent engrais les matières minérales

dont la présence dans le sol contribue à rendre la végétation plus vigoureuse. Mais si ces matières minérales étaient pour les plantes des engrais, c'est-à-dire des aliments, celles-ci devraient être gorgées de ces matériaux, qu'on n'y retrouve pourtant qu'en très-faible quantité.

Ailleurs on qualifie d'engrais une substance qui n'est autre chose qu'un réactif ayant pour effet de rendre solubles les engrais contenus dans le sol, et qui par conséquent, loin de concourir elle-même à l'engraissement, ne sert qu'à dépouiller le sol de l'engrais qui y était enfoui.

D'autres sont à la poursuite d'un engrais phénomène, d'un agent spécifique de la fertilité. Ils achettent à haut prix quelques hectogrammes de je ne sais quelle composition merveilleuse qui doit suffire à faire rendre à un hectare de terre 3600 quintaux de produits. Ils inventent eux-même ou acceptent de toute main des mélanges plus ou moins bizarres, des remèdes secrets contre l'épuisement du sol, auxquels ils ne renoncent, après de longues déceptions, que pour commencer de nouveaux essais avec des compositions non moins ridicules.

Il en est un grand nombre qui sont persuadés que cet engrais par excellence est déjà trouvé. Il leur suffirait, disent-ils, d'en avoir en assez grande quantité, et à d'assez bas prix, pour assurer la plus haute fertilité à leurs champs. Cet engrais mirifique, c'est l'azote. Tous les autres éléments constitutifs des plantes sont de surrogation. Celui-ci tient lieu de tout. Avec 16 grammes d'azote, disent-ils, on fait un kilogramme de blé, plus deux kilogrammes de paille. Trois grammes de sang desséché équivalent à 100 grammes de fumier de ferme, etc., etc.

Et l'on trouve des agriculteurs qui ont une foi assez robuste pour croire à de pareilles assertions; et l'on s'étonnerait de la confusion qui règne parmi eux lorsqu'ils parlent d'engrais ; et l'on voudrait qu'avec de tels enseignements les bons et crédules cultivateurs ne se laissassent pas égarer à la recherche de cette pierre philosophale de l'agriculture, qu'on fait miroiter à leurs yeux?

Pour en revenir aux saines doctrines de la science et pour arriver sûrement, non-seulement à bien définir les engrais, mais encore à connaître quelle doit être leur composition rationnelle, il n'y a qu'une seule marche à suivre : c'est de rechercher quels sont les éléments qui constituent nécessairement le tissu des plantes, en quelles proportions relatives et sous quelle forme il convient de les leur fournir pour qu'ils soient plus facilement absorbés par les racines et assimilés par la force vitale.

En partant de ce principe aussi simple que vrai, on comprend que l'on doit réserver le nom d'engrais aux matières simples ou composées qui sont un aliment *immédiat* pour les végétaux, à celles que les plantes peuvent absorber d'une manière pour ainsi dire indéfinie, à celles qui ont pour effet en s'incorporant au tissu des plantes de les rendre plus grandes, plus grosses, plus succulentes, plus fructifères ; à celles qui sont profitables à toutes les plantes sans exception ; à celles qui dans les steppes, les savanes, les déserts inhabités et inexplorés, entretiennent une végétation parfois luxuriante, à la production de laquelle ni l'intelligence ni l'industrie de l'homme n'ont concouru ; à celles enfin dont l'emploi toujours renouvelé donne toujours des résultats satisfaisants, et qui, loin d'appauvrir ou de dénaturer le sol, l'enrichissent de plus en plus et le font arriver au plus haut degré de fertilité.

Or, quels sont les éléments capables de remplir toutes ces conditions ? L'expérience nous l'enseigne depuis des milliers d'années ; mais l'expérience se prête quelquefois à des interprétations fallacieuses, et nous aimons mieux puiser nos preuves dans les fonctions physiologiques des plantes qui sont immuables et qui ne permettent ni doute ni controverse.

Puisque les plantes sont privées de la faculté de se transporter d'un lieu à un autre, il faut que leurs aliments viennent se mettre eux-mêmes à leur portée. Puisque les plantes sont dépourvues d'organes capables de déchirer ou de broyer leur nourriture et que les orifices par lesquels elles peuvent introduire leurs aliments sont capillaires, il faut que ces aliments soient ou gazeux ou liquides. Enfin puisque ces mêmes aliments doivent constituer en définitive, des corps possédant une solidité plus ou moins grande, il ne peut y avoir pour aliment réel des plantes que des corps possédant la propriété de passer successivement par l'état gazeux, l'état liquide et l'état solide, en se combinant spontanément de différentes manières.

Quelles sont, parmi les substances qui se retrouvent par l'analyse dans les plantes, celles qui jouissent du privilége de transformation spontanée en gaz, en liquide et en solide, et qui en même temps, répandues sur tous les points du globe dans des proportions inépuisables, sont toujours à la disposition des plantes ? Il n'en est que quatre : le carbone, l'oxigène, l'hydrogène et l'azote.

Voilà les quatre corps qui méritent seuls le nom d'engrais; voilà les éléments vraiment constitutifs des plantes; ceux qu'on retrouve toujours par l'analyse et qui composent à peu près, à eux *tout* seuls, le tissu entier des végétaux. Ce sont eux qui, formant le trait-d'union entre le règne organique et le règne inorganique, entretiennent par une rotation constante l'harmonie qui règne sur le globe et qui, passant tour-à-tour sous les lois des forces chimiques ou sous l'empire de la vie, renouvellent sans cesse le règne organique à mesure qu'il se détruit (1).

(1) Quand on songe au rôle immense que ces quatre éléments remplissent à la surface du globe ; quand on songe que leurs fonctions sont actives et permanentes ; quand on songe que sans leur concours on ne verrait pas s'accomplir le plus grand phénomène de la nature, la vie et la succession non interrompue de la vie ; que la terre ne serait plus peuplée d'animaux ou embellie par les plantes, on ne peut

A cette démonstration théorique s'ajoute une observation qui a une très-grande valeur. Que l'on prenne, d'un végétal quelconque, une partie quelle qu'elle soit; un peu de sa racine, de son écorce, de son bois ou de ses feuilles; un peu d'un de ses produits immédiats, soit un acide, soit un alkali, soit un corps neutre; que l'on prenne du sucre, de la fécule, de la glutine etc., etc., l'analyse chimique y retrouvera toujours les éléments que nous avons indiqués comme formant la substance

---

s'empêcher de regretter que ces quatre élements, qu'on pourrait appeler vitaux, aient été, dans la classification des êtres naturels, relégués dans le règne inorganique et confondus avec des corps essentiellement inertes et passifs. On voudrait que, pour eux, on eût songé à créer une classe intermédiaire qui aurait servi de transition entre les deux règnes établis par les savants. Il est vrai que les noms de règne organique et de règne inorganique n'admettent pas de moyen terme et qu'entr'eux il n'y a pas possibilité d'intercaler une autre groupe, si petit qu'il soit. Mais si le remaniement de cette classification n'offrait pas d'obstacle plus sérieux que celui d'une difficulté grammaticale, il n'y aurait pas beaucoup à faire pour le lever. Au lieu de prendre le radical de ces dénominations primordiales dans une des conditions de la vie (la présence des organes) il suffirait de le prendre dans la vie elle-même. On pourrait alors, pour la première division, avoir le nom de *règne zoïque* ou *biotique* et pour la seconde le nom de *règne azoïque* ou *abiotique*. Entre les deux on établirait le *règne hémizoïque* ou *hémibiotique* qui se placerait d'autant plus légitimement entre les autres qu'il a également droit de domicile sur leur domaine.

Nous espérons qu'aucun de nos lecteurs ne nous supposera assez de fatuité pour croire qu'en présentant cette idée, sous forme d'une simple note, nous ayons la prétention de la faire accepter d'hors et déjà. Nous savons autant qu'un autre qu'il n'appartient qu'aux

fondamentale et nécessaire du tissu des végétaux. Il n'est au contraire dans la nature aucun autre corps qui possède un pareil privilége. Les analyses chimiques d'un très-grand nombre de produits végétaux, analyses dues aux plus célèbres chimistes, nous démontrent qu'aucun principe minéral, qu'aucune terre, qu'aucun oxide métallique, qu'aucun sel ne fait partie des produits immédiats des plantes, et que ceux-ci sont uniquement formés par le carbone, l'oxigène, l'hydrogène et l'azote (1).

On nous objectera peut-être que jusqu'ici nous n'avons abouti à prouver qu'une chose, savoir, que les

---

esprits les plus éminents et les plus habitués à la solution des grands problèmes de la philosophie naturelle de résoudre ces questions transcendantes. Nous n'avons voulu formuler qu'un vœu à la réalisation duquel s'attache l'espoir de voir un jour un de nos savants chimistes publier une monographie des hémizoïques. Ce serait assurément un livre du plus haut intérêt scientifique et rempli des idées neuves qui ne pourraient manquer de naître de l'étude rapprochée de ces éléments qui dans la nature vivante agissent toujours de concert, tandis que dans nos livres actuels leur histoire est isolée et leur étude indépendante de leurs rapports naturels.

(1) On trouve, il est vrai, au milieu du tissu des végétaux, certaines substances minérales qui ont été introduites en solution dans la sève ascendante. Mais ces substances, quoique quelques-unes soient d'une grande utilité, ne sont qu'interposées au milieu du tissu organique; elles ne sont pas combinées. La plupart même sont de nature indifférente, et dans une même plante les matières minérales qu'elle renferme varient comme la nature du sol où elle végète. Les matières minérales, quelque intéressant que puisse être le rôle qu'elles ont à remplir dans les végétaux, ne sont donc pas des aliments.

quatre éléments que nous avons nommés suffisent pour nourrir les plantes et les faire vivre comme elles vivent à l'état naturel, mais qu'il n'est pas seulement question ici d'entretenir la vie des plantes.

Nous le reconnaissons et nous savons que l'agriculteur se propose quelque chose de plus. Il veut engraisser les plantes, et il demande quels sont les moyens de les engraisser. Faut-il pour cela recourir à des matières d'une nature différente de celles qui sustentent les plantes à l'état naturel ; à des matières incompatibles avec leur constitution normale et qui ne sauraient être absorbées en quantité notable sans changer leur destination providentielle ? Non. L'analogie de l'engraissement des animaux nous le démontre. Pour engraisser les plantes, comme pour engraisser les animaux, il n'est pas nécessaire d'aller chercher les matériaux dans un autre règne, il ne faut pas changer la nature des aliments, il suffit d'en augmenter la quantité ou de les donner sous une forme plus substantielle et par conséquent plus nourrissante.

Tous les éleveurs savent que les fourrages, les racines, les grains qu'ils font consommer par les bêtes à l'engrais renferment du sulfate et du carbonate de chaux ; pourtant aucun d'eux ne s'est avisé de pourvoir à l'engraissement des bestiaux en leur donnant à manger du plâtre et de la pierre à chaux. On n'a eu cette belle idée que pour l'engraissement des plantes.

Qu'on ne s'y trompe donc pas. Pour engraisser les

plantes il n'y a pas autre chose à faire qu'à mettre à leur portée une plus ample ration des matières qui constituent leurs aliments naturels, et les leur offrir sous une forme qui en rende l'assimilation facile.

Ici se présentent deux questions : 1° Dans quelles proportions convient-il d'associer les quatre éléments qui doivent constituer les engrais? 2° Sous quelle forme, c'est-à-dire, dans quel état de combinaison sont-ils propres à être absorbés?

1° Il n'est pas absolument nécessaire de déterminer avec une précision mathématique dans quelle proportion il convient de fournir aux plantes, afin de les faire parvenir à leur plus grand développement, les quatre éléments constitutifs des engrais que nous venons d'indiquer. Car les plantes ont la faculté de prendre de chacun d'eux ce qui leur est utile en délaissant le surplus, ou en le rejetant par la respiration ou la transpiration lorsque la sève ascendante en a introduit un excès dans leurs vaisseaux.

Néanmoins il importe au point de vue de l'utilité pratique de connaître, au moins approximativement, leur degré d'importance relative, afin de ne point s'exposer à prodiguer l'un en pure perte, ou à ne fournir l'autre qu'en proportion insuffisante.

L'inutilité de s'astreindre à une formule rigoureuse et invariable est d'ailleurs rendue sensible par cette considération que les matériaux fournis par les racines se trouvent ensuite modifiés par ceux qu'introduit dans l'organisme l'alimentation aërienne. D'un autre côté l'on sait que chaque plante a pour ainsi dire son idiosyncrasie. Leur tissu, leurs produits immédiats, leurs propriétés physiques, chimiques, médicales ou alimentaires sont si variables, qu'il ne peut être douteux, même *à priori*, pour personne, que chacune d'elles n'élabore, dans des proportions relatives à son organisme particulier, les aliments qui servent à son usage.

Il faut donc admettre une assez grande latitude dans la détermination de la proportionnalité des éléments qui doivent former les engrais. Cette variation est suffisamment indiquée par la composition des plantes elles-mêmes, dans lesquelles l'analyse chimique trouve, selon les espèces, les proportions suivantes :

Carbone	400	à	500
Oxigène	330	à	440
Hydrogène	65	à	55
Azote	5	à	5
	1000		1000

Nous devons ajouter qu'il ne suffirait pas pour composer un engrais de se conformer à l'une de ces deux formules. Un simple mélange de ces quatre éléments dans les proportions sus-indiquées ne serait pas encore un engrais ; il lui manquerait la qualité la plus essentielle de toutes, la solubilité. Nous verrons dans le 3me chapitre à quelles conditions il y arrive.

Du reste nous dirons ici, en nous adressant spécialement aux agriculteurs praticiens qui ne sont pas familiers avec le langage chimique, qu'ils ne doivent pas se chagriner s'ils ne sauraient procéder à la composition d'un engrais telle que nous la conseillons plus haut. Qu'ils sachent que cette formule n'est pas autre que celle qui se déduit de la composition du fumier de ferme et qu'en recueillant celui-ci ils auront le meilleur de tous les engrais.

Si nous avons donné quelques développements à cet article, c'était uniquement pour les avertir qu'il faut pour une bonne alimentation souterraine des plantes l'assortiment complet des quatre éléments que nous avons indiqués et que nul d'entre ceux-ci ne peut tenir lieu des autres.

2° Quant à la recherche du mode de combinaison entre ces quatre éléments le plus favorable à l'absorption par les racines, c'est l'objet spécial de la troisième partie de cet écrit, et, pour éviter des redites, nous nous permettons d'y renvoyer le lecteur.

Après avoir, au commencement de ce chapitre, établi la distinction entre les engrais et les stimulants, et après avoir, par une définition rigoureuse des engrais, prouvé qu'on ne devait ni ne pouvait confondre avec eux les amendements et les diverses matières minérales employés en agriculture, nous pourrions terminer ici cette dissertation. Nous ne voulions, en effet, arriver qu'à démontrer que si notre manière d'interpréter l'action de l'ammoniaque sur les engrais ne paraissait pas applicable à tout ce que l'on met aujourd'hui en usage sous le nom d'engrais, la faute en était, non à notre théorie, mais à la vicieuse dénomination donnée à des matériaux inorganiques qui sont autre chose que des engrais, et c'est ce que nous croyons avoir suffisamment démontré.

Nous craindrions cependant qu'on ne nous fît un reproche de n'avoir pas au moins mentionné, quoique nous n'ayons pris aucun engagement à cet égard, certaines substances minérales, qui ne sont pas des engrais, sans contredit, qui ne peuvent en aucun cas le devenir quelle que soit l'abondance avec laquelle les plantes peuvent les trouver dans le sol, mais qui sont néanmoins absorbées par les racines, s'insinuent entre le tissu des plantes et y remplissent une fonction utile, quoiqu'elles ne concourent à la constitution des végétaux que dans une proportion toujours faible et toujours limitée.

Nous éprouvons nous-même le désir d'en dire quelques mots, afin de ne pas borner nos motifs d'exclusion de ces agents, de la classe des engrais proprement dits, à une simple induction logique. Nous voulons, en reconnaissant hautement leur utilité, et en spécifiant leur mode d'action, rendre encore plus évidente cette vérité, que les matières minérales ont, dans l'organisme végétal, des attributions distinctes de celles des engrais.

. Nous dirons donc que, quoique nous ayons démontré que les engrais composés de carbone, d'oxigène, d'hydrogène et d'azote suffisaient pour nourrir et engraisser les plantes, il faut pourtant reconnaître que si elles n'avaient à leur disposition que ces quatre éléments, il manquerait quelque chose à leur organisation. De même que les animaux, indépendamment des aliments qui servent à l'entretien ou à l'accroissement de leurs organes, ont besoin de quelques matières terreuses pour la formation de leur charpente, de même les plantes doivent absorber, en petite quantité il est vrai, certains éléments terreux nécessaires à leur tissu ; mais ces matériaux ne doivent pas être appelés engrais, car ils ne sont pas susceptibles d'être absorbés en quantité suffisante pour contribuer à l'engraissement des plantes ; et c'est fort heureux, car si les tiges ou les feuilles de nos plantes fourragères, par exemple, s'incrustaient de carbonate, de sulfate ou de phosphate de chaux, ou de toute autre matière minérale, elles cesseraient de pouvoir servir à la nourriture des bestiaux.

Puisque ces éléments inorganiques qui entrent en si faible proportion dans la constitution des végétaux ne doivent pas porter le nom d'engrais, et que d'ailleurs ils ne sont pas, du moins la plupart d'entr'eux, des stimulants, nous proposons, jusqu'à ce qu'on ait trouvé mieux, de les appeler adjuvants-d'engrais (1).

Quelle est la nature des adjuvants-d'engrais? Elle est très-variable. Le blé, les graminées en général, ont besoin de silice et de phosphate de chaux; les légumineuses aiment les sels calcaires. La ciguë se plaît au bord des fossés où coulent des eaux ménagères tenant en dissolution du sel de cuisine; la bourrache et le réséda prospèrent dans les terrains nitreux; le houx et le châtaignier ne viennent bien que dans un sol schisteux, etc., etc. Chaque famille de plantes trouve sans doute quelque avantage à l'absorption spéciale de telle ou telle substance minérale; car, quoiqu'il soit vrai que les plantes présentent de nombreux exemples de tolérance

(1) Quelques lecteurs seront sans doute bien aise d'être édifiés sur le plus ou moins d'importance des matières minérales au point de vue de la quantité que peuvent en absorber les plantes. Nous allons pour les satisfaire présenter un calcul de ce genre en prenant pour exemple la matière minérale qui à bon droit attire aujourd'hui le plus l'attention des cultivateurs et que l'on qualifie aussi souvent du nom d'engrais que de celui de stimulant, nous voulons dire le phosphate de chaux.

1 kilog. de blé (plante entière) fournit, en moyenne, une quantité de cendres du poids de 52 gram.

1 kilog. de cendres de blé contient, en moyenne, une quantité de phosphate de chaux du poids de 37 gram.

D'après cela on a la proportion suivante :

1 kil. de cendres : 37 :: 52 : 1,924.

Il n'y a donc dans un kilogramme de blé que deux millièmes de phosphate de chaux, à peu près 250 fois moins que de carbone.

dans la nature des matières minérales qu'elles absorbent, quoiqu'il soit vrai qu'elles germent et vivent même, d'une manière plus ou moins misérable, dans le sol qui leur convient le moins, l'observation nous démontre néanmoins que chacune d'elles a des stations naturelles, caractérisées par la nature du sol, dans lesquelles elle prospère mieux que dans un autre terrain.

Or, puisque le but de l'agriculture est de faire arriver les plantes à leur plus grand développement possible, on conçoit qu'il ne suffit pas de se préoccuper du soin de leur fournir les engrais organiques, mais qu'il faut en même temps mettre à leur portée les matières minérales dont elles ont besoin pour jouir de la plénitude de la vie.

Faut-il, pour se conformer à ce besoin naturel des plantes d'absorber des matières minérales, s'attacher strictement à rendre au sol tous les composés inorganiques que l'on retrouve dans les cendres des végétaux ? Il n'y aurait sans doute aucun mal pour les plantes; mais ce serait, sans utilité, s'imposer un soin superflu. Parmi les matières minérales absorbées par les spongioles, il en est qui sont indifférentes, qui peuvent être remplacées par d'autres, sans profit et sans perte pour les plantes. Elles arrivent, en solution dans la sève ascendante, comme par un simple effet de capillarité, de même qu'on voit s'y dissoudre des substances nuisibles. On sait que les spongioles boivent une solution d'arsénic qui tue la plante. Tous les sels que l'on retrouve dans les cendres des végétaux ne sont donc pas utiles à leur développement; il en est au contraire qui leur sont, non-seulement utiles, mais indispensables. Ceux-ci, qui sont les véritables adjuvants-d'engrais, ou si l'on veut les adjuvants-d'engrais spéciaux, remplissent dans la vie des plantes un rôle non moins nécessaire que les engrais.

Le soin de mettre à la portée des plantes les matières minérales dont elles ont besoin, quelque minime que soit la proportion nécessaire, est donc un soin non moins impérieux que celui de leur fournir les engrais organiques ; car ces derniers viennent d'eux-même se présenter aux plantes, au moins dans la mesure nécessaire à leur simple entretien, tandis que jamais, sans l'intervention de l'homme, ni phosphates, ni sulfates, ni silicates ne viendront se répandre dans les champs qui en sont dépourvus.

Les chimistes devront donc s'attacher à distinguer, dans les cendres des végétaux, quel est l'élément ou quels sont les éléments dont la présence est réellement efficace, quel est celui ou quels sont ceux dont les plantes ne peuvent être privées sans dommage et qui contribuent d'une manière incontestable à leur plus grand développement (1).

Une fois connu l'adjuvant-d'engrais spécial approprié

(1) Pour la facilité de la rédaction nous allons raisonner comme si chaque plante n'avait besoin que d'un seul adjuvant-d'engrais.

à chaque plante, on peut demander s'il y a nécessité de l'appliquer à tous les champs dans lesquels on veut cultiver cette plante.

Or les terres doivent se ranger, sous ce rapport, en trois catégories. Il en est qui font exception à la loi commune, et qui sont si richement pourvues de l'adjuvant-d'engrais spécial propre à une espèce végétale qu'elles peuvent, sans épuisement, suffire à sa consommation pendant une très-longue série d'années. Telles sont les terres des Andes mentionnées par M. Boussingault, dans lesquelles on cultive le blé, sans interruption, depuis deux siècles, et qui produisent toujours de suporbes récoltes. A celles-là il serait superflu de rien ajouter.

Il en est, au contraire, qui sont entièrement dépourvues de telle matière minérale indispensable à certaine culture. L'expérience suffit pour le démontrer. Il n'est pas d'agriculteur qui ne sache que tel de ses champs est impropre à la culture de la luzerne, quoique d'ailleurs il soit d'une grande fertilité. Dans ce cas il n'y a qu'un moyen de leur donner la qualité qui leur manque, c'est de répandre sur le sol l'élément inorganique qui fait défaut.

Enfin, et ceci est le cas le plus ordinaire, il est des terrains qui renferment l'adjuvant-d'engrais spécial ou les matériaux qui doivent le former; mais ils s'y trouvent dans un état encore impropre à l'absorption. Ils ne deviennent que difficilement solubles; et après qu'une première récolte a enlevé la portion qui était devenue soluble, il faut savoir attendre qu'il s'en soit reformé de nouveau, sous peine de voir manquer la récolte.

Citons un exemple.

Soit un champ sur lequel on vient de recueillir du blé. On le laboure avec soin, on le fume, on y ressème du blé, et voici ce qui se passe ordinairement. Le blé germe et végète vigoureusement ; il est pour cela dans d'excellentes conditions, puisque le champ est nettoyé des mauvaises herbes, que les racines peuvent s'étendre à l'aise dans une terre profondément remuée et soigneusement ameublie, et qu'elles trouvent abondamment dans le sol ce qui convient à leur alimentation.

Pourtant ce blé qui a eu de si beaux commencements, lorsque la tige est déjà grande et que l'épi commence à se former, n'a plus la force de supporter ce précieux fardeau. Le chaume s'affaisse sur lui-même ; la sève ne peut plus arriver dans le haut de la plante. La graine avorte (1).

---

(1) On a donné deux raisons de l'impuissance dans laquelle sont, en général, les terres de donner deux récoltes consécutives d'une même plante. On a dit que la terre était fatiguée. C'est se payer bien légèrement d'un mot. Les corps inertes ne sont pas susceptibles d'éprouver de la fatigue. D'ailleurs ce même champ, dans les mêmes conditions, eut parfaitement mené à bien toute autre espèce de récolte. Il y a plus; même sans un nouveau labour et sans fumure il aurait nourri pendant deux ou trois ans une plante fourragère qui aurait été semée en même temps que le blé.

Qu'a-t-il manqué pour le succès de cette récolte? Une seule chose, l'adjuvant-d'engrais spécial. Il fallait au blé de la silice absorbable ; le champ en avait été épuisé par la récolte précédente. L'élément minéral destiné à donner de la solidité au chaume a fait défaut. Les tiges étant rachitiques, la récolte a été nécessairement mauvaise.

C'est pour laisser aux influences atmosphériques ou aux réactions qui s'accomplissent lentement au sein de la terre le temps de reproduire une quantité suffisante d'adjuvant-d'engrais spécial soluble, que l'expérience a depuis un temps immémorial enseigné à ne demander à la terre une même espèce de récolte qu'à d'assez longs intervalles. C'est sur des observations de ce genre que repose le principe des assolements qu'il faudra respecter, même lorsqu'il ne s'accordera pas avec les intérêts pécuniaires des agriculteurs, jusqu'à ce qu'on ait découvert l'art de fournir artificiellement à chaque culture l'adjuvant-d'engrais qui assurera à un champ bien cultivé et suffisamment muni d'engrais le succès d'une récolte. Alors, selon le pays qu'il habitera ou les conditions commerciales au milieu desquelles il se trouvera placé, l'a-

---

D'autres attribuent l'insuccès de la seconde récolte à des sécrétions produites par les racines de la première et qui nuisent à celles de la seconde ; mais nous venons de citer plus haut l'exemple de certaines terres des Andes qui produisent sans interruption du blé depuis plus de deux cents ans. Nous avons autour de nous quelques exemples analogues, et, d'après cela, il ne nous est guère permis d'admettre cette seconde interprétation.

griculteur pourra exiger d'un champ, aussi souvent qu'il le voudra, les récoltes les plus riches, celles dont l'écoulement sera le plus assuré, ou celles dont une disette, une guerre ou quelqu'autre fléau auront rendu la reproduction urgente.

Nous ne nous étendrons pas plus longtemps sur ce sujet. Quant aux matériaux employés comme amendements, nous nous bornerons à dire que souvent l'amélioration qu'ils procurent ne se borne pas à une modification physique du sol. Ils ont bien pour effet direct d'augmenter la couche de terre végétale, de corriger la trop grande ténacité du sol, ou de donner du corps à une terre sablonneuse, de modifier la coloration de la surface d'un champ, mais parfois, et c'est alors que leurs effets sont le plus marqués, ils apportent avec eux des adjuvants-d'engrais ou des stimulants, et donnent à la terre qui les reçoit une valeur inattendue. C'est une circonstance dont il faut tenir grand compte pour apprécier sainement le mérite réel des amendements.

Maintenant que nous avons sommairement, mais aussi nettement que nous l'avons pu, distingué en quatre classes tous les agents mis en usage pour augmenter la production du sol, que nous avons fixé leurs attributions particulières et par conséquent dégagé de la classe des engrais, dans laquelle le relâchement du langage les avait confondus, un grand nombre de corps de nature et de propriétés bien distinctes, nous pourrons, avec plus de facilité pour nous et plus de clarté pour nos lecteurs, présenter le parallèle que nous avons promis d'établir entre les deux modes d'engraissement.

La méthode d'engraissement par les racines n'est pas exclusive. Elle ne prive pas les plantes de la faculté de puiser des aliments dans l'atmosphère; loin de là, elle favorise ce mode de nutrition, mais elle consiste à mettre, en même temps, dans le sein de la terre des substances assimilables, des engrais proprement dits, ou liquides ou susceptibles de le devenir, et à faire ainsi concourir, pour une bonne part, les racines à l'alimentation. Par cette méthode on se propose de faire jouir les plantes d'une double intussusception alimentaire; en d'autres termes (car nous ne reculerons pas devant la vulgarité de l'expression, attendu qu'elle rend très-nettement notre pensée et la rend intelligible pour tout le monde); en d'autres termes, disons-nous, cette méthode consiste à faire manger les plantes à deux râteliers.

L'utilité de cette méthode s'est sans doute manifestée d'elle-même aux premières générations humaines et la pratique en remonte aux temps les plus reculés. Elle a été, elle est, elle sera toujours sûre; elle n'est jamais suivie de déception, et lorsque les agronomes, que l'amour du progrès a lancés dans de nombreux tâtonnements pour le perfectionnement de l'art des engrais, finissent par confesser qu'en définitive les fumiers d'écurie, c'est-à-dire, les engrais organiques sont les meilleurs de tous, ils ne disent pas assez. Ils devraient dire : les engrais organiques sont seuls de véritables engrais.

Pourtant cette méthode a un côté désavantageux ; elle est coûteuse ; elle impose le sacrifice d'une masse énorme de matériaux, qui trouveraient d'autres emplois utiles. Elle exige des frais de manipulation et surtout des frais de transport ; enfin, et ceci est la considération la plus importante, il est à peu près impossible dans le plus grand nombre des exploitations rurales d'en confectionner une quantité suffisante pour rendre à tous les champs une quantité de matière fertilisante égale à celle que la récolte précédente lui a enlevée.

Ce sont sans doute ces considérations qui ont engagé les esprits les plus sérieux et le mieux pénétrés des embarras et des dépenses qu'entraîne l'emploi des engrais organiques, à se livrer à la recherche des moyens d'obtenir, sans leurs secours, des récoltes non moins abondantes. Le hasard avait depuis longtemps mis sur la voie de ce genre d'investigations en offrant l'exemple de l'influence très-marquée de certains matériaux inorganiques sur la végétation. Mais les premières expériences de ce genre, comme les premières découvertes des propriétés électriques de l'ambre, ne furent d'abord considérées que comme un amusement curieux. Ce n'est que de nos jours qu'elles sont entrées dans le domaine de la science et que quelques chimistes, mais surtout M. Boussingault, se sont livrés à cette étude. Déjà des expériences intéressantes donnent lieu d'espérer sinon un succès complet, du moins des résultats encourageants. Cette méthode consiste dans l'emploi des stimulants.

Si cette méthode parvenait à la perfection, et surtout à la perfection pratique, on n'aurait jusqu'à présent rien découvert en agriculture qui eut une importance comparable. En effet, le but auquel elle tend c'est d'arriver à pouvoir se passer d'engrais, en les remplaçant par des substances dépourvues de la faculté de concourir d'une manière sensible au développement des plantes par leur assimilation, mais possédant la propriété d'exciter l'énergie vitale des plantes et de donner aux stomates des feuilles une activité qui les rende capables de soutirer à l'atmosphère une quantité d'aliments égale à celle que pourraient leur fournir les engrais proprement dits.

C'est là assurément une idée fort ingénieuse et dont la réalisation serait une des plus belles manifestations du pouvoir de l'homme sur la nature, et la plus précieuse des découvertes pour les agriculteurs, à qui elle donnerait la faculté d'engraisser les plantes en leur faisant puiser tous leurs aliments dans l'atmosphère où ils ne coûtent rien, pas même des frais de transport.

L'espoir d'une telle conquête de l'homme sur la nature est-il chimérique? Nous n'oserions nous prononcer à cet égard. Souvent on a cru impossibles des choses qu'on a vu se réaliser plus tard. Si nous étions obligé de préjuger, nous inclinerions à penser qu'on ne parviendra jamais à se passer entièrement des fonctions alimentaires des racines, par la seule raison physiologique que les plantes n'ont pas été pourvues de racines capables d'absorption pour que ces organes demeurassent inutiles. Mais ce serait déjà beaucoup que cette méthode tînt une partie de ce que l'imagination peut en attendre, et quand même l'emploi des stimulants n'aurait d'autre effet que celui de faire parvenir les plantes à l'engraissement avec moitié moins d'engrais, par exemple, qu'on ne leur en consacre ordinairement, ce serait encore un immense bienfait ; ce serait, tranchons le mot, une véritable révolution économique en agriculture.

Or, un tel succès, un succès limité ne paraît avoir rien d'improbable, et déjà on ne peut douter que M. Boussingault n'ait tiré de ses premières expériences des résultats qui confirment la théorie des stimulants.

Ce savant chimiste, en mettant en contact avec les racines d'un *hélianthus*, semé dans du sable calciné, du phosphate de chaux hydraté et du nitrate de potasse, a fait végéter cette plante presqu'avec autant de vigueur que ses congénères semées en pleine terre. En vain objecterait-on que cette expérience n'est pas rigoureusement concluante, parce que M. Boussingault a fourni un peu d'aliments aux racines en les arrosant avec de l'eau chargée d'acide carbonique, il n'en est pas moins vrai que cet *hélianthus* a dû son développement à l'action des stimulants beaucoup plus qu'à l'absorption de l'acide carbonique par les racines.

Nous faisons des vœux pour que ces expériences soient continuées, et que les savants, en entrant dans le champ ouvert par M. Boussingault, parviennent à féconder, dans la mesure du possible, l'idée-mère de ce nouveau système d'alimentation des végétaux. En dotant l'agriculture d'un moyen précieux de suppléer à l'insuffisance des engrais, ils auront rendu un véritable service à l'humanité ; mais qu'on ne s'y trompe pas : aux savants seuls il appartient d'aborder et de mener à bonne fin une telle entreprise. Si ceux-là se mêlent de résoudre la question qui ne l'entendent même pas, de fonder la théorie des stimulants qui ne savent pas ce que c'est qu'un stimulant, de la démontrer par des expériences qui ignorent à quelles conditions une expérience est concluante, il est à craindre que le principe qu'il s'agit de dégager ne périsse étouffé sous une avalanche de divagations prétendues scientifiques ou d'expériences indigestes et sans portée, comme il est advenu de cette théorie sur les engrais azotés publiée il y a quelques années par de savants chimistes, et tellement dénaturée par leur disciples ou sous-disciples, qu'elle est devenue pour les agriculteurs qui y ont eu foi une source de déceptions.

Nous craignons, si l'on n'y prend garde, le même sort pour la théorie des stimulants ; car nous la voyons, à peine née, entachée de plusieurs erreurs.

1° On a mis au rang des stimulants des corps privés de la faculté essentielle qui distingue ces agents. 2° On attribue uniquement les bons effets obtenus par l'usage de certaines substances, à leur action stimulante, quoiqu'il faille en attribuer une bonne part à leurs propriétés alimentaires. 3° Enfin, par contre, nous voyons qu'on ne considère certains corps que comme des engrais, quoiqu'ils donnent aux plantes la faculté de profiter plus largement de l'alimentation atmosphérique, et que, par conséquent, ils agissent comme de vrais stimulants.

Citons quelques exemples :

1° Les sels ammoniacaux, auxquels d'ailleurs on assigne un rang distingué parmi les engrais, sont aussi décorés du nom de stimulants. Ce ne sont pourtant ni des stimulants ni des engrais ; car un engrais doit engraisser, un stimulant doit stimuler, toutes les fois qu'on en fait usage. Or, les sels ammoniacaux produisent, il est vrai, des effets sensibles une première fois ; mais les années suivantes ils ne donnent que des résultats de plus en plus négatifs. Nous expliquerons, dans la 3me partie, leur véritable mode d'action.

2° Ceux qui, au lieu de phosphate de chaux emploient les os réduits en poudre, ne doivent pas attribuer à la propriété stimulante du phosphate tout l'effet produit sur la récolte ; car les os renferment environ 45 pour cent de matière animale, qui se transforme vite en engrais absorbable et assimilable, auquel il faut rapporter une grande partie des résultats obtenus.

3° L'eau est un aliment et n'est considérée que comme

un aliment ; mais à elle seule elle ne pourrait rendre une plante que plus succulente, plus aqueuse. L'augmentation de poids qu'elle aurait fait acquérir disparaîtrait par la dessiccation. Pourtant si l'on arrose la moitié d'un champ en luzerne, la partie qui aura reçu des arrosements avec une eau, que l'on peut regarder comme pure, produira plusieurs centaines de kilogrammes de fourrage sec en sus de la portion non arrosée, et cet excédant de récolte contiendra environ 40 pour cent de carbone.

Quelle a été l'action de l'eau dans cette expérience ? L'eau, selon nous, a exercé une triple action : 1° elle s'est combinée en partie au tissu de la plante et a joué le rôle d'*aliment ;* 2° elle a favorisé la circulation de la sève en maintenant les vaisseaux dans un état de souplesse utile à leur jeu, en donnant aux sucs plus de fluidité et enfin en abreuvant constamment les stomates qui sans cette condition cessent de réagir sur l'acide carbonique de l'air. Par là elle a rempli les véritables fonctions d'un *stimulant ;* 3° enfin elle a rendu solubles les engrais déposés dans le sein de la terre, et les a par conséquent mis dans les conditions sans lesquelles ils n'auraient pu être absorbés. Elle a été un précieux *dissolvant.*

4° Les engrais proprement dits ne sont pas seulement des aliments, ils remplissent aussi l'office de stimulants. En effet, si l'alimentation souterraine fournit des matériaux pour faire pousser un plus grand nombre de feuilles ou pour les rendre deux fois plus grandes, la plante aura deux fois plus de stomates, c'est-à-dire de bouches, pour s'emparer des aliments atmosphériques. Or, le propre des stimulants est de pourvoir à l'engraissement des plantes, en les rendant aptes à absorber, en plus grande quantité, l'acide carbonique de l'air. Les engrais sont donc des stimulants, et, peut-être, le plus sûr des stimulants.

Ces observations, que nous consignons ici comme un avertissement aux expérimentateurs qui ne se doutent pas du nombre infini de choses dont il faut tenir compte dans une expérience délicate, si l'on veut arriver à des résultats exacts, sont loin assurément d'épuiser la matière et de donner une idée complète des difficultés qu'elle présente.

Après avoir bien nettement défini les stimulants, et posé la distinction entr'eux et les aliments, il reste encore beaucoup à faire. Il faut rechercher si un même stimulant convient à toutes les plantes, et, dans le cas contraire, chercher pour chaque famille naturelle un stimulant spécial; il faut examiner si l'emploi alternatif de divers stimulants, auquel nous devrons recourir tant que nous serons assujettis à la loi des assolements, ne neutralisera pas l'effet de l'un par quelque réaction chimique de l'autre; il faut s'assurer que l'emploi de ces substances n'exercera pas, au bout d'un temps plus ou moins long, une funeste influence sur le sol, et ne fera pas succéder la stérilité à l'abondance; enfin ce n'est pas tout que d'étudier les stimulants dans leurs propriétés et dans leurs effets, il faut encore les considérer dans les conditions économiques de leur emploi; car ceux-là seuls peuvent être utilisés en agriculture qui se trouvent dans la nature à l'état de matière première, ou dont la préparation, du moins, simple et peu coûteuse, n'est au-dessus ni de l'intelligence ni des facultés pécuniaires du commun des agriculteurs. Si l'on ne réussissait qu'à trouver des procédés dont l'application en grand ne serait pas aisément praticable, tous ces travaux, toutes ces recherches ne seraient qu'une curieuse expérience de cabinet.

Voilà le programme de la méthode des stimulants avec un aperçu de ses exigences pratiques. Gardons-nous d'y ajouter des complications ou d'y faire naître des incertitudes par une coopération malencontreuse. Que ceux qui, comme nous, ne sont pas très-avancés dans la connaissance de la chimie, que ceux à qui sont étrangers les principes de la physiologie végétale, que ceux qui ne savent pas rigoureusement distinguer un aliment d'un stimulant, que ceux qui confondent l'action de l'azote à l'état d'acide avec celle de l'azote à l'état d'alkali, que ceux qui ne tiennent pas compte de l'influence de la culture ou des phénomènes météorologiques dans l'appréciation des résultats de leurs expériences (1), se gar-

---

(1) M. Bodin, directeur de la ferme-école des Trois Croix, en cultivant le blé en lignes, sans engrais ni stimulants, obtient 48 hectolitres à l'hectare, tandis que dans *nos riches et fertiles plaines du Languedoc*, comme disent les poëtes, les champs de première classe le plus largement fumés, mais moins bien cultivés que ceux de M. Bodin, produisent, dans les bonnes années, 24 hectolitres, et très-rarement arrivent au maximum de 30 hectolitres à l'hectare. Quant

dent de prétendre à la solution de ce problème. La solution est au-dessus de leur portée, comme nous la reconnaissons au-dessus de la nôtre.

La sincérité de notre déclaration à cet égard ressortira, dans notre 3me chapitre où nous avons à traiter un sujet dans lequel la question des aliments et celle des stimulants est étroitement liée, du soin que nous mettrons à les séparer, pour nous renfermer scrupuleusement dans l'étude de la première.

à l'influence des saisons sur le rendement des terres elle n'a pas besoin d'être discutée. Il y a des années de disette et des années d'abondance, sans qu'on puisse expliquer les unes ni les autres par l'incurie ou par la vigilance des agriculteurs, par la présence ou l'absence soit des engrais, soit des stimulants.

ETUDE

SUR LE ROLE DE L'AZOTE

Dans la confection des engrais organiques et dans l'alimentation souterraine des plantes.

II.

SUITE DES PROLÉGOMÈNES.

DE L'ABSORPTION DU CARBONE PAR LES RACINES.

Toute semence fécondée et mûrie renferme, avec un embryon, une quantité de matière nutritive suffisante pour développer, pendant l'acte de la germination, une racine et une ou deux feuilles. Après cette première période de la vie, qui a une analogie si remarquable avec l'incubation des œufs des animaux ovipares, la plante doit puiser, dans l'air, par ses feuilles, dans le sein de la terre, par ses racines, les matériaux nécessaires à son accroissement et à l'accomplissement de tous les actes relatifs à la conservation de l'individu et à la reproduction de l'espèce.

Les plantes ont donc un double mode d'alimentation : l'une aérienne, l'autre souterraine ; la première uniquement gazeuse, la seconde principalement liquide. Par les feuilles, les plantes puisent dans l'atmosphère les éléments gazeux qui conviennent à leur constitution, plus de la vapeur d'eau ; par les racines elles pompent dans la terre l'eau et toutes les substances organiques ou inorganiques que celle-ci tient en dissolution.

L'organisation des feuilles et celle des racines sont merveilleusement appropriées aux fonctions que chacune d'elles est appelée à remplir, et nous croyons utile de faire bien apprécier le rôle spécial de chacun de ces organes dans l'acte de la nutrition des plantes, afin de rendre aussi évidente que possible la proposition renfermée dans le paragraphe précédent, que les plantes ont deux modes d'alimentation *différents*.

Car nous devons nous hâter de l'avouer ; les auteurs admettent bien une double *source*, mais non un double *mode* d'alimentation pour les plantes. Ils ne mettent pas en doute que les racines fournissent leur contingent, comme les feuilles, dans l'apport des matériaux nécessaires à l'accroissement des végétaux ; mais ils pensent qu'il y a parfaite identité dans la manière dont les feuilles et les racines absorbent le carbone. Ils posent en principe, et c'est en cela que notre opinion s'éloigne de la leur, que les racines comme les feuilles n'introduisent le carbone dans les plantes qu'à l'état d'acide carbonique, et que, par quelque voie qu'il arrive, son assimilation consiste dans un seul et même phénomène, la réduction de l'acide carbonique, l'absorption du carbone et l'exhalation de l'oxigène (1).

Cette théorie s'appuie sur quelques considérations spécieuses : d'une part la parfaite uniformité d'action des feuilles et des racines révélerait dans le phénomène de l'alimentation des végétaux une unité de plan qui se trouve souvent dans les lois de la nature et que l'on aime à y supposer, ne fut-ce que pour épargner de la fatigue à notre esprit. D'autre part le tissu des végétaux n'étant, à quelques millièmes près, que du carbone hydraté, il est facile de se persuader qu'on a suffisamment résolu le problème de la nutrition des plantes, lorsqu'on a signalé les sources par lesquelles le carbone peut être fourni et constituer la masse à peu près entière de la plante.

Enfin, dans cette hypothèse l'explication chimique de l'acte de la digestion dans les plantes est d'une facilité et d'une simplicité admirables, puisque tout consiste en une seule opération, la réduction, par les feuilles, de l'acide carbonique, tant de celui qu'elles dérobent à l'atmosphère que de celui que la sève ascendante leur apporte en dissolution dans l'eau. De plus, pour arriver à cette démonstration on semble pouvoir se passer de l'intervention des forces vitales. La nutrition des plantes n'est qu'une affaire de chimie ; cela flatte toujours un peu les chimistes.

---

(1) Nous ne dirons rien ici de ce qui a trait à l'azote. C'est l'objet spécial de l'étude qui forme le troisième chapitre.

Mais en étudiant un peu sérieusement ces diverses considérations, on est loin de leur trouver une valeur suffisante pour en faire la base d'une saine théorie.

Et d'abord pourquoi supposer, pour les plantes, un moyen unique d'alimentation, lorsque dans toute l'échelle organique nous voyons les êtres qui la composent user pour leur entretien de matériaux qui varient non-seulement par leur composition, mais encore par leur état de cohésion. Ce sont toujours des éléments hétérogènes qui, soumis à l'acte de la digestion, sont amenés à la forme et à la composition chimique du liquide nutritif.

En supposant pour les plantes un mode unique de nutrition, on court après la chimère d'une unité de plan sur laquelle aurait été réglé l'accomplissement de ce phénomène vital, et l'on méconnaît une unité de plan bien plus générale qui a présidé aux règles d'alimentation de tous les êtres organiques, c'est-à-dire la variété dans les éléments. L'on n'aurait, ce nous semble, le droit de croire à cette déviation de la loi générale que si l'on pouvait s'appuyer sur des faits positifs, ce dont on est encore bien loin.

En second lieu, si l'acte de la nutrition des plantes se réduisait en effet à l'assimilation du carbone et à sa combinaison avec l'eau, il est indubitable qu'il y aurait dans tous les végétaux et dans leurs produits une similitude que tout le monde sait qu'on n'y rencontre pas.

Quant à la simplicité de l'explication chimique, elle

n'en saurait racheter l'insuffisance ; et l'on ne persuadera jamais aux esprits réfléchis que la seule réduction de l'acide carbonique puisse rendre raison du merveilleux phénomène de la conversion des mêmes aliments par les plantes en mille produits différents par leur composition chimique, par leurs caractères physiques et par leurs propriétés.

Que les racines absorbent l'acide carbonique en dissolution dans l'eau qui les arrose, c'est une chose incontestable ; mais que les racines n'absorbent le carbone que sous forme d'acide carbonique, c'est ce que ne sauraient permettre de croire ni l'action énergique des engrais, ni la différence de composition des produits végétaux.

Tout démontre au contraire, jusqu'à la dernière évidence, que dans l'acte de la digestion les matériaux alimentaires des plantes peuvent et doivent être hétérogènes, puisqu'ils sont élaborés en cent manières différentes ; qu'au besoin les uns sont absorbés ou éliminés en tout ou en partie, et que leur association moléculaire est modifiée à l'infini par la force vitale. Que l'on sème dans un même vase, rempli de terre bien homogène, une graine de carotte et une graine de ciguë ; que l'on y sème aussi une graine de betterave, une graine d'oseille, une graine de lin et une graine de blé. Ces plantes auront vécu dans la même atmosphère, elles auront pompé les mêmes liquides dans le sein de la terre, et pourtant l'une d'elles sera un aliment et l'autre un poison ; l'une d'elles renfermera un produit immédiat avec excès d'oxigène, l'acide oxalique; la suivante un produit immédiat avec excès d'hydrogène, l'huile de lin; l'autre un produit immédiat très-riche en azote, le gluten; enfin la dernière un produit immédiat neutre, le sucre. Chose plus remarquable encore, dans un même fruit, l'orange, on trouve un produit neutre, le sucre, dans les cellules de son sarcocarpe; un produit acide, l'acide citrique, dans les mêmes cellules; un hydro carbure dans les cellules extérieures de son épicarpe. On citerait mille exemples analogues.

Il est donc abusif d'attacher quelque prix à cette prétendue facilité avec laquelle on semblait donner l'explication du phénomène de l'alimentation des plantes. C'est une opération trop obscure et trop compliquée pour que jamais les chimistes en aient la clé; et en renonçant à cette théorie par trop superficielle, il est inutile aussi de persister dans cette autre supposition tout à fait gratuite, que le carbone ne pénètre dans les plantes que sous forme d'acide carbonique.

On nous objectera probablement que puisque nous avouons l'impossibilité de démontrer d'une manière positive et complète l'ensemble des phénomènes que présente la nutrition des plantes, il est indifférent de croire que le carbone arrive dans leurs vaisseaux à l'état de gaz ou à l'état liquide, à l'état de combinaison binaire, ternaire ou quaternaire. Sans doute, si ce que nous nous proposons dans cet écrit n'était qu'une recherche spéculative des mystères de la vie des plantes, nos raisonnements seraient à peu près superflus. Mais si en cherchant à prouver que les racines n'absorbent pas seulement le carbone à l'état d'acide carbonique, nous arrivons à des conséquences pratiques utiles, si nous dissipons des préjugés nuisibles, si nous faisons naître des réformes précieuses pour l'agriculture, on reconnaîtra que nous ne nous serons pas livré à une critique stérile en examinant la théorie actuelle de l'alimentation des plantes.

Voici donc les arguments qui démontrent, selon nous, l'imperfection de cette théorie. Ils sont puisés dans les principes de la physiologie générale et confirmés par des calculs qui, nous l'espérons, ne laisseront aucun doute dans les esprits.

Tous les êtres vivants ont besoin, pour entretenir leur vie, d'air et d'aliments appropriés à leur nature. Les aliments solides ou liquides n'exigent pour leur introduction qu'un petit orifice et pour leur récipient qu'une poche qui n'a besoin d'être pourvue qu'à d'assez longs intervalles, parce qu'à cause de leur densité ces matériaux suffisent sous un petit volume.

Quant à l'air qui est si léger, dont les molécules sont si écartées, dont il faut un si grand volume pour produire un effet sensible, la nature a pourvu tous les êtres vivants, tant ceux à qui il ne devait servir que pour l'acte de la respiration que ceux qui devaient y puiser leurs aliments, d'appareils d'une vaste étendue et dont les fonctions sont incessantes pour suppléer, par la quantité aspirée et son fréquent renouvellement, à la trop peu sensible influence d'un élément d'une si faible densité.

Voyez dans les oiseaux le volume des poumons, qui est tel qu'en développant leurs nombreuses cellules on couvrirait un espace infiniment plus étendu que le corps entier de l'animal. Pourtant, malgré la vaste capacité de cet organe, on sait qu'il fonctionne avec une fréquence remarquable.

Dans les quadrupèdes l'appareil respiratoire n'est ni aussi étendu ni aussi actif. Néanmoins, en le comparant à l'organe chargé d'élaborer les matériaux solides et liquides, l'estomac, on voit combien il est plus volumineux, combien son orifice est plus dilaté, combien son action est plus incessante.

Les poissons eux-mêmes sont un exemple frappant de l'extension que la nature a donnée aux organes destinés à agir sur l'air. Tandis que l'œsophage de tel poisson n'a pas un centimètre de diamètre, ses branchies à feuillets multiples présentent une surface 50 à 60 fois plus considérable.

Parmi les animaux, c'est dans les insectes que l'on remarque la disproportion la plus surprenante entre la trompe filiforme qui sert à la plupart d'entr'eux pour pomper leurs aliments et les nombreux stigmates toujours ouverts pour donner accès à l'air. Celui-ci les pénètre si parfaitement dans tout leur corps, dans leurs membres et jusques dans leurs antennes, que les anatomistes qui les ont étudiés disent que si l'on pouvait solidifier l'air qu'ils renferment et faire dissoudre l'insecte, sa forme serait parfaitement conservée.

Mais c'est surtout pour les plantes, qui du reste avaient encore plus besoin d'air que les animaux, que la nature s'est montrée prodigue dans la création des organes respiratoires. Les plantes sont couvertes de feuilles, c'est-à-dire de larges expansions destinées à agir sur une grande surface. Chacune d'elles est couverte de mille stomates, toujours béants, toujours en fonctions et toujours environnés et pressés par l'air qu'ils doivent aspirer. On comprend combien la vaste surface de toutes les feuilles d'une même plante réunies doit agir activement sur les gaz qui sont en contact avec elles, et l'on ne saurait concevoir ni des organes ni un ensemble d'organisation mieux appropriés à leur destination.

Voilà avec quelle sollicitude et quelle largesse la nature a pourvu les êtres organiques d'appareils destinés à agir sur l'air et sur les gaz. Elle n'a, dans aucune classe, malgré la modification des formes, jamais manqué au principe fondamental sur lequel devaient être établis les organes respiratoires. Ils sont toujours caractérisés par de larges surfaces, et l'on peut, sans craindre de se tromper, affirmer que tout organe qui ne remplit pas cette condition essentielle, n'a pas été destiné par la nature à opérer sur les gaz.

Aussi n'est-ce pas sans un profond étonnement que nous voyons les auteurs assimiler les spongioles à des organes destinés à agir sur des matières gazeuses et enseigner que les racines ne fournissent du carbone aux plantes que sous forme d'acide carbonique lequel provient soit de l'eau de pluie, soit du dégagement qu'opère la combustion lente des engrais organiques et doit être recueilli par les spongioles, c'est-à-dire par ces organes qui en raison de leur extrême ténuité échappent presque à notre vue.

Examinons d'abord dans quelle mesure l'eau de pluie et les engrais peuvent fournir de l'acide carbonique et nous recherchérons ensuite jusqu'à quel point les spongioles sont capables de l'utiliser.

Commençons par l'eau de pluie. Personne ne peut révoquer en doute que l'eau de pluie renferme de l'acide carbonique, et il suffit de savoir que ce gaz est soluble dans l'eau pour être convaincu que la pluie, en traversant l'atmosphère, doit en dissoudre une certaine quantité. C'est même probablement parce que ce fait était indubitable qu'on n'a pas, du moins à notre connaissance, fait des expériences précises à cet égard. On a laissé cette vérité dans un état indéterminé qui a permis, au besoin, de lui attribuer une plus ou moins grande importance. C'est ainsi, par exemple, que les physiologistes et les chimistes attribuent, sans contrôle, à l'acide carbonique contenu dans l'eau de pluie, la faculté de contribuer pour une bonne part à l'alimentation des plantes. En étudiant cette question d'une manière sérieuse nous allons en voir sortir une vérité tout opposée.

Posons pour cela deux questions :

1° Combien l'eau de pluie contient-elle d'acide carbonique ?

2° Combien d'eau de pluie absorbe une plante dans la période entière de sa végétation ?

La quantité d'acide carbonique que renferme l'eau de pluie ne saurait être toujours la même. Elle doit varier selon la température ; selon l'épaisseur de la couche d'air qu'elle traverse ; selon la rapidité de sa chute ; selon qu'elle est en grosses gouttes ou en fine rosée. Nous ne prétendons pas par conséquent poser un chiffre invariable. Il suffira de rechercher une moyenne sur laquelle nous puissions baser nos calculs.

Nous n'avons pas voulu nous fier à nous-même pour faire ces expériences ; nous manquons d'ailleurs des instruments de précision nécessaires. Les résultats que nous allons consigner ici sont dus au savant distingué dont nous nous glorifions d'être l'élève, à M. Berard, doyen de la faculté de médecine de Montpellier.

Cet habile chimiste a fait à notre prière, dans le courant du mois de janvier 1860, les expériences suivantes :

Deux litres d'eau de pluie, immédiatement après avoir été recueillie, ont été soumis à l'ébullition et les gaz qui se sont dégagés ont été reçus dans une solution de chlorure de baryum ammoniacal. Il s'est formé un précipité de carbonate de baryte qui a été recueilli avec soin, lavé, séché et pesé. Son poids a été de 0gram., 1730; il contenait donc 0g., 039 d'acide carbonique. Ce poids d'acide carbonique représente un volume de 19centil cub., 9.

Chaque litre de cette eau de pluie contenait donc 9c.c., 9 d'acide carbonique.

Une seconde expérience a été exécutée quelques jours après sur de l'eau nouvellement tombée. Le même procédé a été suivi. Les deux litres d'eau de pluie ont donné 0g., 140 de carbonate de baryte contenant 0g., 031 d'acide carbonique, ce qui représente 7c.c., 8 par litre.

La moyenne des deux expériences est 8c.c., 8 d'acide carbonique par litre d'eau. Pour la facilité de nos calculs ultérieurs et pour faire la meilleure part possible à l'opinion reçue, nous concéderons que chaque litre d'eau de pluie retient 10c.c. d'acide carbonique, c'est-à-dire un centième de son volume. Voyons ce que cette proportion d'acide carbonique contenu dans l'eau de pluie peut fournir de carbone aux plantes.

2° Il tombe annuellement en France 0mèt., 56 de pluie. Le blé, que nous prenons pour terme de comparaison, ne reste sur pied que huit mois; il ne reçoit donc que 0mèt, 40 d'eau de pluie.

Chaque pied de blé, occupant en moyenne un décimètre carré de terrain, doit recevoir pendant tout le cours de sa végétation quatre décimètres cubes d'eau.

Puisque l'eau de pluie ne retient que un centième de son volume d'acide carbonique, les 4 décimètres cubes (4000cc) d'eau de pluie, qui forment l'approvisionnement spécial de chaque pied de blé, contiendront 40^cc d'acide carbonique.

Or :

1 lit. (1000^cc) d'acid. carb. pèse	1,5245	ox. 1,1026 carb. 0,422
4 lit. (4000^cc) pèsent	6,0980	ox. 4,4104 carb. 1,688
Le centième (40^cc) pèse	0,06098	ox. 0,044104 carb. 0,01688

Par conséquent les 40 cent. cub. d'acide carbonique fournis par 4 litres d'eau de pluie, renferment un poids de carbone de 0,01688, soit environ un centigramme et demi.

Ce contingent de carbone provenant de l'eau de pluie est, comme on voit, excessivement faible et paraîtra plus faible encore si l'on remarque qu'une partie de l'eau de pluie s'écoule par les rigoles et les fossés au moment de sa chute; et que, d'autre part, il est tout à fait improbable que les racines s'emparent sans aucune déperdition de tout l'acide carbonique contenu dans l'eau de pluie qui a pénétré dans le sol; car la chaleur des jours qui suivent la pluie doit remettre en liberté une certaine proportion d'acide carbonique, et l'eau évaporée par l'effet de cette même température doit en entraîner aussi.

Voilà donc l'une des sources de l'acide carbonique à laquelle devraient puiser les racines appréciée à sa véritable valeur, que l'on serait presque autorisé à représenter par 0.

Passons maintenant à l'appréciation du carbone que les racines peuvent devoir à l'acide carbonique, dégagé dans le sein de la terre par la combustion lente des engrais, et notons, en passant, que puisque les physiologistes et les chimistes reconnaissent que c'est en fournissant de l'acide carbonique aux racines que les engrais favorisent la végétation des plantes, ils reconnaissent, par là même, implicitement, ainsi que nous l'avons formulé nous-même dans le chapitre précédent, qu'il n'y a de véritables engrais que ceux qui renferment du carbone, c'est-à-dire les engrais organiques.

On ne peut en effet, d'après cette théorie des savants, accorder le nom d'engrais qu'à ceux dont la combustion lente fait dégager de l'acide carbonique. Or le nom d'engrais ne saurait convenir aux sulfates, aux phosphates, aux nitrates, à la soude, à la potasse, à la chaux, au sel marin, aux sulfates et chlorhydrates d'ammoniaque, et à presque toute la légion des prétendus engrais minéraux, puisqu'ils ne contiennent pas un atome de carbone. Ce n'est pas que pour être dépourvues de carbone, ces substances soient sans action sur les plantes; mais elles n'ont point de propriété alimentaire. Il faut donc, sous peine de confusion dans la théorie et d'erreur dans la pratique, les ranger dans une classe à part, et ne reconnaître pour engrais que les engrais organiques.

Bornons là cette digression, et revenons à la recherche que nous avons à faire de la quantité d'acide carbonique que les engrais peuvent fournir par la combustion lente à laquelle on les suppose soumis dans le sein de la terre.

Cette quantité ne saurait être déterminée d'une manière aussi approximativement exacte que celle que nous avons trouvée comme étant le produit de l'eau de pluie. On peut cependant induire avec certitude, de certains faits connus, qu'elle est très-minime et insusceptible d'influer d'une manière sensible sur l'accroissement des plantes.

Il nous paraît probable qu'il en est du dégagement d'acide carbonique que l'on suppose être produit par la combustion lente des engrais, comme de celui qu'on attribuait à l'eau de pluie : il n'a jamais été soumis à des expériences exactes, et l'opinion qu'on a conçu de son importance n'a aucun fondement sérieux. Elle pourrait bien ne reposer que sur l'observation des phénomènes de combustion que présentent les fumiers lors de leur transformation en engrais, pendant la période de leur fermentation la plus énergique, alors surtout que la température est élevée et que la masse des fumiers n'est pas arrosée. Dans de telles conditions, on ne saurait révoquer en doute que la combustion ne soit rapide, que la formation d'acide carbonique ne soit abondante et que la déperdition ne soit très-considérable. On voit même, dans des conditions extrêmes, le feu prendre spontanément dans les tas de fumier. Les voyageurs, qui ont visité les peuples pasteurs du cap de Bonne Espérance, racontent que les fumiers, dont les naturels ne font aucun usage parce qu'ils ne se livrent à aucun genre de culture, s'enflamment parfois spontanément, surtout pendant la saison sèche, et qu'on voit certains de ces immenses dépôts brûler pendant plusieurs mois.

Mais ce n'est pas sur de tels exemples qu'il faut calculer les effets de la *combustion lente*. Il n'y a pas de comparaison à établir entre la première fermentation des fumiers, la fermentation proprement dite, et ce qui peut s'en produire encore comme un faible reste sur les *engrais*, c'est-à-dire sur les fumiers consommés, après qu'ils ont été répandus et enfouis dans les champs. Les phénomènes de combustion sont alors à peu près complètement terminés, et d'autant plus complètement terminés qu'ils ne sont plus favorisés par l'entassement; car c'est sur les masses de matière en fermentation qu'on les observe, tandis qu'ils ne se produisent pas sur de faibles quantités.

D'après ce qui précède on doit pressentir que la production d'acide carbonique par la combustion lente des engrais enfouis dans le sol doit être bien peu importante. D'une part, les engrais ont déjà subi le travail de la fermentation active, et, d'autre part, ils sont si clair-semés et si éparpillés qu'ils ne peuvent pas s'échauffer au point d'éprouver une combustion dont les effets soient appréciables.

Voici quelques faits à l'appui de cette opinion.

Le guano, qui s'accumule en si grandes masses sur les îles de la mer pacifique, résiste si bien, malgré l'entassement, aux effets de la combustion lente, qu'il se conserve pendant des siècles à l'état solide.

Celui que l'on expédie en Europe passe souvent plus

d'une année sans être livré à la consommation, et pourtant la déperdition est à peu près insensible. Si donc, dans l'espace d'une année, le guano, même entassé, ne perd pas dans les magasins une quantité notable de son poids par l'effet de la combustion lente, comment peut-on croire que, jeté au printemps sur un champ en récolte, il puisse être en totalité transformé en acide carbonique dans l'espace de quatre mois ; car on sait qu'une seule récolte de printemps suffit pour épuiser tout le guano qu'on lui a donné pour engrais.

Qui ne comprend d'ailleurs que si le guano, jeté en couverture sur un champ de blé au mois de mars, se transformait en acide carbonique, seule forme sous laquelle, au dire des auteurs, il devient propre à l'alimentation des plantes par les racines, la plus grande partie de ses effets serait perdue pour le champ auquel on l'aurait appliqué, parce que à mesure de sa conversion en gaz le vent le balayerait, et, en le faisant rentrer dans le réservoir commun de l'atmosphère, irait le mettre au loin au service de toutes les moissons de la contrée ? Qui ne comprend, en même temps, qu'il faudrait des pluies journalières, plus que cela, des pluies continuelles pour le dissoudre et le faire descendre dans le sein de la terre, à mesure qu'il se formerait ?

Autre preuve. Si l'on fait un dépôt d'engrais sur un point quelconque d'un champ destiné à demeurer en jachère et qu'on ne l'enlève que un ou deux mois après, la place sur laquelle il aura séjourné se distinguera l'année suivante par une végétation plus vigoureuse. Ce n'est pas pourtant à l'acide carbonique qui aurait pénétré dans le sol et qui s'y serait condensé qu'il faut attribuer ce résultat. Non, dira-t-on, mais c'est l'engrais liquide qui a été bu par la terre qui s'est tranformé plus tard en acide carbonique. Alors, qu'on nous explique pourquoi cette transformation des engrais en acide carbonique, que nous venons de voir s'accomplir entièrement pour le guano dans l'espace de quatre mois, ne s'est pas effectuée pour l'engrais liquide abandonné par le fumier dans le courant de l'année entière pendant laquelle le champ est demeuré en jachère et a été remué quatre ou cinq fois, circonstance très-propre à dissiper dans l'atmosphère le gaz acide carbonique que l'on suppose développé dans le sein de la terre; qu'on nous explique au contraire comment les effets s'en font sentir d'une manière admirable un an et même deux et trois ans après, lorsqu'il ne doit plus rester dans le sol d'engrais susceptible d'éprouver la combustion lente ?

Nous pourrions encore donner quelques exemples; ces deux nous paraissent suffisants pour démontrer que si les racines ne tiraient pas d'autre profit des engrais que celui de l'acide carbonique auquel donne naissance leur *combustion lente* les effets des engrais seraient à peu près insensibles.

Mais nous irons plus loin et nous dirons que si, contrairement à notre conviction, la combustion lente des engrais organiques donnait lieu, dans le sein de la terre, à un dégagement abondant de gaz acide carbonique, ce serait presque en pure perte.

Reprenons pour cette nouvelle démonstration l'exemple du pied de blé, que nous avons supposé occuper par ses racines une surface de un décimètre carré. Combien peut-on compter, pour sa racine, de spongioles? Sera-ce 50,80? Mettons 100 pour ne point marchander. Quelle dimension veut-on accorder à chacun de ces organes microscopiques? Accordons-leur un millimètre carré de surface.

Cela posé, ne perdons pas de vue que les gaz, dans le sein de la terre, ne peuvent ni circuler ni se condenser. A part une faible proportion d'acide carbonique qui, ainsi que l'air atmosphérique, se loge dans les pores du sol, toutes les nouvelles molécules qui se dégagent doivent obéir aux lois de la pesanteur, c'est-à-dire s'élever en ligne droite vers la surface du sol, et se dissiper dans l'atmosphère.

Pour qu'il en fût autrement, il faudrait que la terre fut constamment imbibée d'eau pour dissoudre le gaz acide carbonique à mesure qu'il serait produit par la combustion lente, et que la plante absorbât trois ou quatre litres d'eau par jour pendant tout le temps de son développement, ce qui ne pourrait avoir lieu, même en supposant que la plante put suffire à ce travail d'absorption extraordinaire, qu'au moyen d'arrosements artificiels et continus, et ne constituerait par conséquent qu'un cas exceptionnel en dehors des données sur lesquelles nous raisonnons.

En demeurant dans celles que fournissent les circonstances atmosphériques ordinaires et en tenant en principe l'ascension perpendiculaire des molécules gazeuses à travers la couche arable du sol, revenons à nous demander combien, sur une surface carrée de dix centimètres, les spongioles arrêteront de molécules d'acide carbonique. Mais nous l'avons déjà vu. C'est cent tout au plus. Or un décimètre carré de surface ayant 10,000 millimètres carrés, il y aura neuf mille neuf cents molécules de gaz perdues pour cent mises au profit.

Certes s'il était vrai que les racines ne fussent autre chose que des suçoirs d'acide carbonique il faut convenir que la nature serait bien en défaut pour n'avoir imparti aux plantes qu'un appareil d'absorption si insuffisant, si imparfait, si peu adapté à sa destination, au lieu de les pourvoir d'organes plats, à large surface, qui, symétriquement disposés, n'auraient pas laissé perdre un seul atome du gaz nourricier.

Il est vrai que MM. Ohlert et Link ont avancé que ce n'était pas les spongioles seuls qui étaient susceptibles d'absorber dans le sein de la terre les matériaux destinés à l'alimentation des plantes et que la surface des fibres radiculaires jouissait de la même propriété ; mais quand même avec ce secours les racines seraient capables d'absorber deux fois plus, même dix fois plus d'acide carbonique que ce que nous avons calculé, la perte des engrais serait encore énorme et leurs effets excessivement faibles, car les racines ne fourniraient pas à la végétation la millième partie de ce que fournissent incontestablement les feuilles.

On voit d'après ce qui précède quelle est la valeur de cette hypothèse que tout le carbone fourni par les engrais est absorbé par les spongioles à l'état d'acide carbonique, puisque, soit qu'on suppose qu'il est absorbé sous forme gazeuse, soit qu'on suppose qu'il est absorbé en dissolution dans l'eau, on aboutit également à une impossibilité.

Nous voyons cependant que les engrais organiques produisent des effets extrêmement marqués et qu'entre une plante qui a végété dans un terrain dépourvu de tout engrais et celle qui a reçu une fumure convenable la différence à l'avantage de cette dernière est de 2 et même de 3 à un. Si donc les engrais fournissent aux racines des plantes autant, et quelquefois deux fois plus, de carbone que celui que les feuilles soutirent de l'atmosphère ; si d'un autre côté nous avons prouvé qu'en admettant que les racines n'absorbaient le carbone qu'à l'état de gaz acide carbonique l'accroissement qui pourrait en résulter pour les plantes serait presque insignifiant, il faut en tirer nécessairement cette conséquence, que ce n'est pas seulement sous forme d'acide carbonique que le carbone s'introduit dans les spongioles.

On doit voir maintenant pourquoi nous nous sommes attaché à démontrer combien la théorie de la nutrition souterraine des plantes, restreinte à l'absorption de l'acide carbonique par les spongioles et sa réduction par les feuilles est impuissante à expliquer l'action des engrais. C'était, indépendamment de l'attrait qu'offre la recherche de la vérité scientifique, un préliminaire qui nous a paru indispensable pour prévenir les objections qu'on pourrait faire à la théorie développée dans la troisième partie de cet ouvrage, où nous nous proposons d'établir que les racines absorbent le carbone sous plusieurs formes ; à l'état de combinaison binaire gazeuse lorsqu'il est en dissolution dans l'eau ; mais surtout à l'état de combinaison liquide ternaire ou quaternaire, c'est-à-dire associé à la fois à l'oxigène, à l'hydrogène, et à l'azote.

Ces éléments, personne ne l'ignore, existent dans tous les engrais organiques. Par quel effet chimique arrivent-ils à l'état soluble, seul état sous lequel ils peuvent être absorbés par les racines ? C'est la question qui fait le sujet de notre étude sur le rôle de l'azote dans l'alimentation des plantes.

ETUDE

SUR LE ROLE DE L'AZOTE

Dans la confection des engrais organiques et dans l'alimentation souterraine des plantes.

III.

Nous avons indiqué, dans le premier chapitre, la composition chimique des végétaux, en général. Nous avons vu que, à part quelques centièmes de matières minérales de nature diverse et variable selon le sol dans lequel les plantes ont végété, le carbone et les éléments de l'eau, associés dans des proportions à peu près égales, en constituaient presque la masse entière, et que l'azote n'en faisait partie que pour une faible fraction (5 millièmes). L'on serait porté à penser, d'après cette donnée, qu'en prenant le carbone, l'eau et l'azote dans les proportions que l'analyse chimique nous a appris à regarder comme les seules propres à être assimilées par les plantes, on ferait un engrais qui serait l'aliment le plus approprié à la nature et aux besoins des plantes.

Il n'en est pourtant pas ainsi ; car, avec les proportions sus-indiquées, on ne parviendrait même pas à faire un engrais; du moins il faudrait un temps très-long pour arriver à la transformation des matériaux riches en carbone, et l'engrais obtenu ne ferait que faiblement sentir son influence sur la végétation.

L'analyse chimique et l'observation démontrent d'ailleurs, d'une manière irrécusable, que les engrais sont d'autant plus actifs qu'ils ont été confectionnés sous l'influence d'une plus forte proportion d'azote.

Comment un pareil fait peut-il se concilier avec les résultats de l'analyse chimique du tissu des végétaux ? Comment se fait-il que l'azote, qui n'entre que pour une si faible proportion dans la composition des plantes, exerce une si grande influence sur leur développement ? C'est ce dont on ne paraît pas avoir cherché à se rendre raison jusqu'à présent ; et le défaut d'explication de cette apparente anomalie a donné naissance à une foule d'idées fausses découlant d'un système erroné.

Partant de cette donnée que la puissance des engrais était en raison directe de la quantité d'azote qu'ils renferment, on en a conclu que l'azote était le principe essentiel des engrais, et, par voie de suite, l'aliment par excellence des plantes. On en est venu à professer qu'il constituait à lui seul toute la valeur des engrais, qu'il en déterminait le degré et par conséquent le tarif ; qu'il en était le véritable régulateur, et qu'enfin pour apprécier la richesse d'un terrain le dosage de l'azote suffisait.

De cette théorie absolue, qui a régné pendant quelque temps sans conteste, est née l'industrie des *engrais concentrés*, qui a eu une folle vogue, et il n'a plus été question que de fabriquer de la *quintessence d'azote*. C'était l'engrais pur, l'engrais type, l'engrais unique.

Du moment qu'on admettait en principe qu'il n'y avait d'autre engrais que l'azote, il en résultait nécessairement cette conséquence que peu importait quelle que fut sa provenance; et dès lors on enseigna très-logiquement que les substances inorganiques, pourvu qu'elles continssent autant d'azote que les substances animales ou végétales, pourvoieraient aussi bien que celles-ci à l'engraissement des plantes.

De même, puisque l'azote était l'aliment par excellence des plantes, il importait peu de savoir quels autres éléments on leur fournirait en même temps, c'est-à-dire avec quelles autres substances, qu'on tenait pour indifférentes et superflues, il se trouverait combiné, et par conséquent on laissa s'établir l'opinion qu'il n'y avait aucune différence à faire entre l'azote engagé dans des combinaisons organiques, l'azote formant le radical d'un acide, ou l'azote appartenant à un alkali.

Mais ces conséquences, ou pour mieux dire l'application qui en a été faite, a été la pierre de touche de ce système et a servi à en démontrer la fausseté. D'une part, les résultats pratiques n'ont nullement confirmé la prétendue équipollence des substances organiques et des substances inorganiques, bien qu'également azotées; et, d'un autre côté, l'un des maîtres de la science a prouvé que l'azote n'exerçait une action sensible sur la végétation s'il n'était préalablement converti en ammoniaque.

La doctrine que nous examinons a donc commencé déjà, sous le contrôle de l'expérience, à faire un premier retour sur elle-même; et nous croyons qu'en la soumettant au contrôle de l'examen théorique il sera facile de la ruiner par sa base, en faisant voir qu'elle repose sur une erreur, à savoir : *que l'azote n'est pour les plantes qu'un aliment.*

Nous avons déjà vu en effet, qu'à part ses effets alimentaires, l'azote produisait d'autres effets. Il faut donc que ce soit en vertu d'une autre propriété, et pour savoir quelle est cette autre propriété et comment elle s'exerce, l'expérience dont nous parlions tout à l'heure (celle qui a constaté que l'azote n'a toute sa puissance sur la végétation que sous forme d'ammoniaque) va nous fournir une précieuse indication.

L'impossibilité où l'on est de se rendre entièrement compte des effets de l'ammoniaque, en ne la considérant qu'au point de vue de sa valeur alimentaire, nous fait regarder comme trop restreint le rôle qu'on lui attribue. On n'a pas réfléchi que l'ammoniaque, en même temps qu'elle est un composé d'hydrogène et d'azote renfermant par conséquent deux principes susceptibles d'assimilation par les plantes, est aussi un alkali énergique, et nous pensons qu'en cette qualité elle exerce sur l'acte de la végétation une influence plus importante que par sa composition. Nous allons chercher à prouver, soit en démontrant l'insuffisance de la première théorie pour expliquer tous les faits connus et constatés, soit par des expériences directes sur son action comme alkali, que l'ammoniaque remplit, en effet, dans l'alimentation des plantes, une double fonction, circonstance qui explique pourquoi, tandis que une très-faible quantité d'azote peut être assimilée par les plantes, il est néanmoins avantageux que les engrais en contiennent beaucoup.

Nous étudierons successivement l'action de l'azote, ou pour mieux dire de l'ammoniaque provenant des matières organiques, et celle de l'ammoniaque fesant partie des composés chimiques.

Voyons ce qui se passe dans la décomposition des matières végétales avec ou sans la présence de l'ammoniaque.

Si l'on abandonne des fibres ligneuses, de la sciure de bois, de la paille, ou autres débris végétaux analogues à un travail spontané de décomposition avec le seul secours de l'eau, de la chaleur atmosphérique et en présence de l'oxygène, le travail marche lentement. Il faut une longue période de temps pour que ces matériaux soient transformés en terreau et le terreau ainsi obtenu ne se résout qu'en ulmine ou acide ulmique qui ne sont pas solubles. Il en résulte que les plantes auxquelles on a donné un engrais de cette nature ne prospèrent pas dans la proportion de la quantité de terreau ou d'humus qui les environne parce que leurs spongioles ne peuvent absorber que des matières en dissolution.

Mais si l'on met les mêmes substances, paille, fibres ligneuses, sciure de bois, à fermenter en présence d'un alkali, l'ammoniaque, par exemple, l'action sera autrement rapide et l'altération des tissus bien plus accélérée. Tous ces débris végétaux seront bientôt transformés en ulmine ou acide ulmique qui fait la base du terreau, de l'humus. Il est prouvé que cette ulmine ou acide ulmique, insoluble par lui-même, devient soluble en se combinant à l'ammoniaque; dès qu'il est dissous il peut être absorbé par les racines, et l'on comprend que cet ulmate d'ammoniaque, ce *carbone liquide azoté*, est un aliment beaucoup plus substantiel que le gaz acide carbonique, puisqu'il a une densité 500 fois plus grande. L'expérience a depuis longtemps démontré que les engrais liquides secondent merveilleusement la végétation à cause de la facilité avec laquelle les plantes peuvent les absorber et les assimiler, et il nous semble évident que l'ammoniaque contribue bien plus puissamment à l'engraissement des plantes en rendant soluble le carbone qui entre pour 50 pour 100 dans la constitution du tissu des plantes, qu'en leur fournissant de l'azote, qui, au point de vue alimentaire, joue un rôle 100 fois moins important que le carbone.

Nous reconnaissons donc que les matières organiques

azotées sont éminemment utiles dans la confection des engrais, parce qu'elles entrent vite en fermentation, et qu'elles favorisent la décomposition des matières végétales lesquelles fournissent presque entièrement les matériaux dont la plante est formée ; mais nous posons en principe que ce qui fait la valeur des engrais azotés ce n'est pas l'azote qu'ils fournissent à la plante comme aliment (il en faut si peu à la plante !), mais celui qui, sous forme d'ammoniaque et considéré comme agent chimique, a la propriété d'attaquer le tissu des pailles, de le désagréger, de le réduire en terreau, en humus, en ulmine ou acide ulmique et surtout de saturer cet acide pour le rendre soluble, c'est-à-dire susceptible de passer à l'état liquide ; car c'est à l'état liquide qu'il est éminemment propre à se laisser absorber directement par les racines et à favoriser la végétation.

Du principe posé dans ce paragraphe découle nécessairement le corollaire suivant :

Plus un fumier contiendra de matières azotées, plus la fermentation sera active, plus la transformation des pailles en humus sera rapide et complète, plus l'humus sera rendu soluble et facilement absorbé par les plantes, et plus la récolte sera riche et abondante ; mais, en même temps, plus l'engrais aura été consommé rapidement, et plus le champ demeurera appauvri après la récolte, de telle sorte que si l'on jette de nouvelles semences sur le champ sans renouveler la fumure, la diminution des produits sera très-sensible et qu'enfin la troisième année ce champ se comportera comme s'il n'avait pas reçu d'engrais depuis très-longtemps.

D'après ce même principe, l'agriculteur doit comprendre que l'azote ou l'ammoniaque qu'il répandra dans ses champs n'en maintiendra la fertilité qu'autant qu'il sera en contact avec une proportion correspondante de matériaux renfermant du carbone, de l'oxigène et de l'hydrogène, et si on vient lui offrir, pour tenir lieu des fumiers d'étable, c'est-à-dire des fumiers les plus riches en carbone, de *l'extrait d'azote*, de *l'essence d'azote*, un *engrais concentré* presqu'uniquement formé d'azote; si on lui conseille de jeter sur ses terres des sels ammoniacaux, sans aucun mélange, qu'il se tienne en garde contre ces offres intéressées et ces conseils basés sur une théorie erronée, s'il ne veut se préparer de cruels mécomptes.

Nous n'avons pas besoin, pour confirmer cette doctrine, d'exposer, sous forme de comparaison, ce qui se passe dans un fumier peu chargé de matières animales. Personne n'ignore que dans de pareils fumiers la fermentation est lente et imparfaite ; que les pailles qui en font partie conservent longtemps leur couleur et leur ténacité. Que même deux ou trois ans après on en retrouve encore les débris dans les sillons où elles avaient été enfouies, et que les effets d'un pareil engrais sont peu sensibles dans les récoltes ; car les engrais organiques ne sont profitables aux racines que lorsqu'ils sont devenus solubles. Or de tels engrais, qui doivent attendre de l'ammoniaque contenue dans le sol leur transformation en ulmate soluble, ne parviennent que très-lentement à ce dernier état.

C'est à la différence entre la proportion des matériaux azotés dans le fumier, c'est-à-dire à la différence dans la rapidité de sa décomposition, de sa résolution en matériaux liquides ou gazeux et partant de son absorption plus ou moins rapide par les plantes, qu'il faut rapporter l'appréciation qu'on a fait empiriquement de ses qualités. De là sont nées les dénominations de fumier *chaud*, fumier *ardent*, fumier *rafraîchissant*, fumier *froid*, et autres expressions du même genre qui n'apprennent pas grand'chose.

Avec une litière très-abondante, qui ne reçoit qu'une faible proportion d'excréments et d'urine, on fait du fumier froid, c'est-à-dire du fumier qui reste pailleux et dont la décomposition ne s'achève dans les champs que très-lentement.

Avec peu de paille, beaucoup d'excréments et beaucoup d'urine on fait du fumier chaud, c'est-à-dire un fumier qui déjà dans la fosse aux engrais arrive à l'état de *beurre noir*, espèce d'hydrate de carbone ammoniacal en gelée qui n'aura besoin que d'un peu de pluie pour se dissoudre, pour être absorbé par les racines, et pour favoriser avec la plus grande efficacité l'engraissement rapide des plantes.

Depuis que, pour contrôler nous-même notre théorie,

nous avons parcouru les livres des auteurs qui ont parlé des engrais, nous avons trouvé à chaque pas la confirmation de nos idées.

« L'effet du fumier dont la décomposition est peu » avancée est surtout plus marqué sur les produits qui » ne suivent pas immédiatement la fumure. *(Schmalz.)* »

« Deux terres semblables furent fumées, l'une avec du » fumier consommé, l'autre avec un fumier pailleux. » Sous l'influence du premier les plantes furent, la pre- » mière année, plus grosses, plus fortes, plus vigoureuses; » mais la seconde année, le champ qui avait reçu le fu- » mier pailleux produisit des plantes plus grosses et plus » fortes que celui à qui on avait donné du fumier bien » pourri. *(Hassenfratz.)* »

Tout cela prouve que les effets du fumier sont d'autant plus prompts et sensibles qu'ils ont été, avant leur épandage, amenés par l'ammoniaque à l'état soluble qui permet leur entière consommation dès la première année; tandis que les seconds, encore fibreux et insolubles la première année, se sont conservés et n'ont que l'année d'après acquis, sous l'influence de l'ammoniaque renfermée dans le sol, leur qualité la plus essentielle, la solubilité.

Aussi nous plaisons-nous à rendre hommage à la perspicacité des chimistes qui, même en n'accordant à l'azote qu'une valeur alimentaire, avaient pourtant constaté que son action était à peu près nulle comme engrais, tant qu'il n'était pas en combinaison avec l'hydrogène, c'est-à-dire à l'état d'ammoniaque, à l'état d'alkali ou de carbonate alkalin.

Passons maintenant à l'étude de ce que l'on a appelé engrais inorganiques azotés; ce sont les sels ammoniacaux et les nitrates.

Pour les premiers, les beaux travaux de M. Boussingault ont établi de la manière la plus irrécusable qu'ils se transformaient tous, dans le sein de la terre, en carbonate d'ammoniaque.

Les seconds sont parfois, d'après M. Boussingault, absorbés sans décomposition préalable, et dans ce cas leurs effets ne peuvent être rapportés qu'à leur action stimulante, propriété qui est en dehors de notre étude actuelle.

Mais il est incontestable que le plus souvent l'acide des nitrates subit dans le sol, en présence d'un agent de réduction quelconque, sa transformation en ammoniaque, que par conséquent les nitrates aboutissent en définitive à mettre en action deux alkalis au lieu d'un, et que leurs effets sont une éclatante confirmation de notre théorie, (Voyez M. Kulhmann, et surtout la dissertation de M. Is. Pierre, page 443 de la Chimie agricole.)

Les sels azotés ne représentent donc dans le sein de la terre que du carbonate d'ammoniaque. Or ce carbonate d'ammoniaque, que l'on regarde comme l'aliment par excellence des plantes et que quelques auteurs semblent supposer capable, à lui seul, de tenir lieu de tout engrais organique, dans quelle mesure peut-il subvenir à l'engraissement des végétaux ?

N'oublions pas, avant de répondre, de rappeler que le tissu des plantes est formé (en nombre rond) de :

Carbone	500
Eau	495
Azote	5
	1000

qu'elles ont par conséquent besoin de 100 fois plus de carbone que d'azote, et qu'elles ne pourraient violer ce rapport sans changer de nature et de propriétés.

Or, une proportion de carbonate d'ammoniaque 227,84 renferme :

Carbone	35,37
Azote	82,53
Oxigène	92,46
Hydrogène . . .	17,47

D'autre part on sait que le meilleur engrais de ferme ne fournit tout au plus, à la dose de 10,000 kilogram. par hectare, que 100 kilogrammes d'ammoniaque, soit 227 k.84 de carbonate d'ammoniaque.

D'après cela, si l'on admet que l'on doit rapporter au carbonate d'ammoniaque toute la valeur alimentaire des engrais, 10,000 kil. de fumier de ferme ne fourniraient aux plantes que 35k 37 de carbone, plus la proportion correspondante d'azote telle que les plantes la demandent, soit: 0k 3537, total: 35k 723 et il y aurait un excédant de 82,53 d'azote, c'est-à-dire 233 fois plus qu'il ne peut en être utilisé.

On a cru, il est vrai, que la présence de cet excès d'azote était capable de donner à la propriété qu'ont les feuilles d'absorber l'acide carbonique de l'atmosphère une activité 233 fois plus grande; mais l'on est aujourd'hui forcé de renoncer à l'hypothèse que la présence du carbonate d'ammoniaque suffirait pour que la munificence de l'atmosphère fournit aux plantes tout le carbone nécessaire à la conservation des immuables proportions de leurs éléments constitutifs, lorsqu'elles seraient ainsi artificiellement gorgées d'azote. En effet, s'il en était ainsi, il suffirait de jeter tous les ans 100 kilogram. de carbonate d'ammoniaque sur un hectare de terre pour obtenir *indéfiniment* de belles récoltes; mais l'expérience a fait justice de cette séduisante chimère.

Indépendamment de la preuve que fournissent ces calculs atomistiques, il y a une simple observation qui suffit pour démontrer que l'effet principal des engrais est dû à toute autre cause qu'à l'absorption directe de l'ammoniaque par les racines.

On sait, par les travaux de MM. Payen et Krocker, qu'un hectare de terre de moyenne qualité renferme dans une couche de 25 centimètres d'épaisseur 9000 kilogrammes d'ammoniaque.

M. Boussingault, qui dans son zèle infatigable pour le perfectionnement de l'agriculture n'a laissé aucune question sans l'étudier avec l'exactitude qui caractérise tous ses travaux, a publié plus récemment qu'il avait trouvé dans un hectare de terre une proportion d'ammoniaque qui dépassait 13,000 kilogrammes.

D'un autre côté, les chimistes ont calculé qu'une fumure ordinaire ne fournit à un hectare de terre que 100 kilog. d'ammoniaque.

D'après cela, la différence de teneur en ammoniaque entre une moitié d'un champ fumé et l'autre moitié dépourvue d'engrais est comme 130 est à 131. La récolte venue sur la partie fumée ne devrait l'emporter sur l'autre que de $\frac{1}{130}$ Or l'expérience journalière nous montre que cette différence est le plus souvent comme 1 est à 2, c'est-à-dire comme 130 est à 260.

Plusieurs auteurs et des plus recommandables ne poussent point si loin leur foi au pouvoir fertilisant de l'azote. Ils ne lui accordent pas la faculté d'engraisser à lui seul les plantes. Ils partagent, il est vrai, avec les précédents, l'opinion que l'azote est absorbé à l'état de carbonate d'ammoniaque, ce qui serait, comme nous venons de le voir, le mode le plus imparfait qu'on puisse imaginer ; mais ils n'oublient pas que les engrais organiques contiennent une très-forte proportion de carbone, l'élément le plus important de tous, et ils en tiennent compte. Seulement, pour en expliquer l'absorption, ils ont recours à une nouvelle opération, la combustion lente, qui, d'après eux, convertit le carbone en acide carbonique, forme sous laquelle les spongioles seraient chargées de s'en emparer. Cette interprétation de l'absorption du carbone n'est guère plus heureuse que celle qu'on admet pour l'absorption de l'azote, et que nous avons rejetée en faisant voir combien peu les spongioles étaient propres à donner accès à des gaz. La même objection s'applique également aux deux systèmes.

Pour nous, quand même nous ne croirions pas connaître le véritable mode d'absorption simultanée du carbone et de l'azote par les plantes, nous ne serions nullement disposé à partager cette opinion des auteurs. Nous ne connaissons aucun exemple dans lequel on voie la nature, pour arriver à un but, employer deux mauvais moyens.

Nous sommes d'accord avec tous les auteurs au sujet de la conversion des sels ammoniacaux en carbonate d'ammoniaque ; mais nous ne considérons pas ce sel comme un aliment direct; ce n'est pas en fournissant de l'azote comme l'un des éléments qui concourent à l'alimentation des plantes qu'il a le plus d'utilité ; sa principale action consiste à réagir sur les tissus organiques des engrais et après leur transformation en acide ulmique à former avec cet acide un ulmate soluble que les spongioles absorbent facilement. Les expériences de Magnol, Duhamel, Bonnet et Delabaïsse ont mis hors de doute que les liquides colorés, c'est-à-dire chargés d'une matière végétale en dissolution, étaient absorbés avec facilité et avec une grande vitesse d'ascension, et la supériorité d'une alimentation liquide sur une alimentation purement gazeuse n'est pas contestable.

Après avoir ainsi exposé notre manière d'apprécier la double influence de l'ammoniaque sur la végétation, nous devons prouver que tandis que, l'ancienne théorie ne pouvait pas rendre compte de la plupart des faits observés, notre interprétation se prête au contraire à leur explication d'une manière qui ne nous paraît pas douteuse. Donnons-en quelques exemples.

1° « Les excréments humains, dit M. Dumas, » constituent un des meilleurs engrais. Un hectolitre » d'engrais flamand équivaut à environ 250 kilogram. » de fumier de cheval. Du reste son action ne s'étend » jamais au delà d'une année. »

M. Dumas n'avait à expliquer dans son traité de chimie ni la supériorité de l'engrais flamand sur le fumier de cheval ni la brièveté de son action, et il s'est dispensé de le faire. Mais ceux qui ne tiennent compte que du dosage de l'azote dans les engrais auraient quelque difficulté à expliquer comment 100 kilog. d'engrais flamand qui ne renferment, d'après MM. Payen et Boussingault, que 0,20 d'azote, valaient plus que 250 kil. de fumier de cheval qui en renferment 1,00 : 5 fois plus.

Pourtant rien n'est plus clair, à notre avis, que l'explication qu'on peut en donner. Il est évident que l'activité des effets de l'engrais flamand ne peut pas se rapporter à la proportion d'azote qu'il renferme, puisqu'elle est très-faible. On ne peut pas non plus l'attribuer exclusivement à l'action de l'ammoniaque sur les plantes, puisque l'ammoniaque ne s'y trouve que dans un rapport insuffisant. Mais à défaut de l'action dissolvante assez énergique de l'ammoniaque, l'engrais flamand a été amené à l'état soluble auquel il doit l'intensité de ses effets par trois moyens assez faciles à apprécier. 1° Les excréments proviennent de matériaux que les dents d'abord, et, en second lieu, l'estomac ont divisés et atténués presque jusqu'à l'état moléculaire; 2° les tourteaux ont été broyés et réduits en poudre par l'action des meules; 3° le liquide ammoniacal, quoique très-faible, dans lequel ces matières ont été en macération pendant longtemps, en a achevé ou presque achevé la dissolution. Un tel engrais n'offre aucune résistance au pouvoir absorbant des spongioles, et la récolte à laquelle on l'applique le consomme sans résidu. Aussi a-t-elle une végétation très-énergique; aussi est-elle rapidement et somptueusement engraissée; aussi la terre demeure-t-elle sans aucun reste d'engrais et faut-il renouveler la fumure pour une récolte subséquente.

2° M. de Gasparin a essayé d'expliquer un fait ana-

logue. Après avoir fait ressortir les effets du guano sur la végétation il ajoute : « L'urate d'ammoniaque que ren-
» ferme le guano se transforme en carbonate d'ammo-
» niaque dont la volatilité est très-grande. Cette volatilité
» explique le peu de durée des effets du guano qu'il faut
» renouveler à chaque récolte. »

Cette explication ne nous paraît pas satisfaisante. Si le guano ne perd ses propriétés fertilisantes que parce que le carbonate d'ammoniaque s'est évaporé, pour lui redonner toutes ses propriétés il suffirait d'arroser tous les ans le champ qui aurait une fois reçu du guano avec un liquide contenant la quantité de carbonate d'ammoniaque qui s'est perdu. Or c'est ce qui ne suffit pas. La véritable explication de ce fait est la suivante : le guano est un engrais provenant de matières organiques broyées par les mandibules des oiseaux et atténuées par la digestion. Cet engrais, riche en azote, est amené par la fermentation en présence d'une forte proportion d'ammoniaque à l'état soluble. A mesure que les pluies le dissolvent il est absorbé par les plantes. Ses effets sont donc rapides ; mais au bout d'un an il n'en reste plus rien dans le sol, car ce n'est pas seulement le carbonate d'ammoniaque qui a disparu, ce sont encore les matériaux riches en carbone ; une nouvelle fumure est indispensable, si l'on ne veut pas abandonner le champ à ses propres ressources naturelles.

3° Mais de toutes les expériences entreprises dans le but de déterminer l'action de l'azote sur la végétation, il n'en est aucune qui contredise plus énergiquement la destination exclusivement alimentaire attribuée à ce gaz, que les essais de fumure au moyen des sels ammoniacaux sans mélange.

On sait que dans la persuasion que tout l'effet des engrais devait être rapporté à l'azote, plusieurs chimistes et agriculteurs ont été amenés, par une induction logique rigoureuse, à appliquer à diverses plantes des matières minérales azotées sans leur associer aucun autre engrais. MM. Boussingault, Kulhmann, Schatenmann, Isidore Pierre, de Gasparin et plusieurs autres en ont fait l'essai. Ils ont expérimenté avec la précision qui caractérise tous leurs travaux. Ils ont, en hommes consciencieux, religieusement rendu compte des résultats qu'ils ont obtenus, et il y a lieu d'être surpris que l'opinion préconçue de l'omnipotence de l'azote ne leur ait pas permis de tirer de leurs expériences les conséquences qui la détruisaient.

Ce n'est pas que la plupart des expérimentateurs n'aient obtenu au début de leurs essais des résultats favorables ; lorsqu'ils ont traité une partie d'un même champ avec une solution ammoniacale, tandis que l'autre moitié n'en recevait pas, la différence des produits a été manifestement à l'avantage de la première. Mais en rendant compte de cette expérience, tous ont été obligés d'y ajouter un corollaire.

M. Is. Pierre a répandu du sel ammoniac sur du sainfoin. Il a remarqué que l'effet est sensible sur la première coupe. *Mais*, dit-il, *l'avantage va constamment en décroissant sur les coupes successives, et se transforme en désavantage marqué pour la coupe de l'année suivante.*

M. Kulhmann, après avoir arrosé des prairies avec des eaux ammoniacales, est arrivé à cette conclusion que l'année suivante les parcelles qui avaient reçu du chlorhydrate d'ammoniaque *donnèrent une récolte inférieure à celle des parcelles qui n'avaient rien reçu.*

M. de Gasparin, incapable de trahir la vérité, mais craignant de donner un démenti trop formel aux principes qu'il professe, adoucit ainsi sa déclaration : « *On* » *a cru remarquer qu'après l'emploi des sels ammonia-* » *caux le terrain restait dans une position moins fertile* » *qu'avant d'en avoir fait usage.* »

Les explications que l'on donne de ce fait sont variables ; mais ni les unes ni les autres ne sont satisfaisantes. M. de Gasparin dit qu'il faut attribuer l'infertilité dans laquelle tombe un champ après avoir été soumis à l'action du sel ammoniac à l'abondance de la récolte qu'il a procurée. Nous savons au contraire, par expérience, que lorsqu'une plante fourragère, cultivée dans un champ qui a reçu des engrais organiques, a donné de superbes produits, le blé que l'on cultive après est ordinairement très-beau.

M. Kulhmann pense que la diminution de la valeur du sol tient à ce que l'action du sel ammoniac a peu de durée. Mais en admettant que les effets des sels ammoniacaux soient éphémères, cela n'explique pas l'appauvrissement du sol après leur emploi, encore moins les funestes effets de l'emploi réitéré de ces sels.

Ajoutons une autre circonstance assez embarrassante pour les partisans de la théorie que nous combattons. Parmi ceux qui ont fait des expériences avec les sels ammoniacaux il en est quelques-uns, et ce ne sont pas les moins dignes de confiance, qui n'en ont recueilli aucun effet sensible. *(Huzard. Bouchardat.)*

Or nous le demandons : Qu'est-ce qu'un engrais qui est aliment dans un champ et ne l'est pas dans un autre ? Qu'est-ce qu'un aliment qui engraisse la première année et amène l'émaciation l'année d'après ?

Tous ces faits, dont il est impossible de se rendre compte en n'attribuant à l'azote que les fonctions d'aliment direct ou de stimulant, fonctions qui devraient toujours et partout donner des résultats identiques, s'expliquent selon nous parfaitement, lorsqu'on reconnaît l'action dissolvante de l'ammoniaque sur l'humus en réserve dans la terre ou sur les matériaux riches en carbone des engrais organiques.

Quand on met du sulfate ou du chlorhydrate d'ammoniaque dans le sol, il se forme du sulfate de chaux ou du chlorure de calcium, et, dans l'un et l'autre cas, du carbonate d'ammoniaque. Ce sel agit avec la même énergie sur l'humus que l'ammoniaque elle-même. Il transforme l'humus ou l'acide ulmique renfermé dans le sein de la terre en ulmate d'ammoniaque soluble, en abandonnant son acide. Les racines absorbent l'ulmate d'ammoniaque et le champ a par conséquent perdu de sa fertilité. Si l'année d'après on jette encore des sels ammoniacaux, ceux-ci ne trouvant plus à réagir que sur un petit reste d'humus la récolte sera médiocre et le champ deviendra encore plus infertile. En continuant ce traitement pendant quelques années, le sol se dépouillera de toute sa réserve d'humus, et, quelle que fût sa fécondité avant le commencement des expériences, il arrivera peu à peu au dernier degré d'épuisement. Dès lors aucun sel ammoniacal ne saurait lui rendre sa fertilité primitive, quoiqu'il soit parvenu à un dosage d'azote extraordinaire.

On se rend compte aussi très-aisément de la divergence des résultats auxquels sont parvenus les expérimentateurs, dont les uns ont pu signaler l'action très-marquée de ces sels, et dont les autres n'ont rien obtenu d'avantageux. Les premiers ont fait leurs expériences sur des champs depuis longtemps soumis à un excellent régime ou sur des prairies riches en débris organiques et en humus. Dans ces conditions l'ammoniaque a pu et dû faire merveilles; les seconds ont fait le même essai dans une terre exténuée, à laquelle ils espéraient donner, au moyen d'un sel qu'ils croyaient l'équivalent d'une fumure réelle, une fécondité qu'elle était loin de posséder. L'ammoniaque n'a trouvé dans le sol que peu ou point d'humus à rendre soluble, ses effets ont dû être très-faibles ou nuls.

Il reste une dernière objection à lever. Si nous sommes dans le vrai en attribuant la plus grande partie des effets de l'azote aux propriétés alkalines de l'ammoniaque à laquelle il donne naissance, il doit être vrai aussi que les autres alkalis caustiques, la soude, la potasse, la baryte, la strontiane, la chaux, jouissent dans une mesure variable des mêmes propriétés et produisent des effets analogues, quoiqu'ils ne renferment pas un atome d'azote. On n'a probablement jamais essayé en agriculture les quatre premiers à cause de leur cherté, mais on a essayé la potasse et la soude à l'état de carbonate, ce qui revient à peu près au même, on a essayé surtout la chaux vive.

M. Is. Pierre, qui a fait emploi du carbonate de potasse, rend compte de ses effets en ces termes : « Les » deux premières coupes ont présenté un excès sensible » de récolte sous l'influence du carbonate de potasse, » mais il n'en a plus été de même pour les coupes sui» vantes. »

M. Boussingault, s'occupant de l'emploi de la potasse, en agriculture, constate que l'expérience a enseigné « à » faire concourir alternativement la potasse avec les en» grais organiques à l'amendement des terres. »

On voit par ces deux citations, que la potasse, comme l'ammoniaque, appauvrit le sol en facilitant, au bénéfice de la récolte pendante, l'absorption des engrais qu'il recèle dans son sein.

Quant à l'action du carbonate de soude, dont les auteurs ont peu parlé, M. Is. Pierre n'a pas été aussi explicite que sur celle de la potasse. « Les résultats, dit-il, sont » peu concluants, parce qu'ils sont tantôt positifs, tantôt » négatifs. »

- On peut cependant tirer de cette observation cette conséquence, que le carbonate de soude n'est pas un véritable engrais, car, dans ce cas, il favoriserait toujours et dans la même proportion le développement des plantes L'on doit comprendre, au contraire, d'après ce que nous avons déjà dit, qu'il a des effets positifs lorsqu'il tombe dans un terrain enrichi par des engrais organiques encore insolubles, et négatifs, lorsqu'on l'emploie dans un sol sans réserve d'humus.

Sur le compte de la chaux vive, on pourrait citer les opinions de plusieurs auteurs, qui tous ont entrevu et apprécié ses effets. Mais aucun n'a plus sainement compris son action que M. Thaër, et voici ce que le savant et judicieux auteur des Principes raisonnés d'agriculture dit avec la plus grande justesse d'appréciation de ses effets dans le sol :

« La chaux accélère la décomposition et la dissolution » des engrais qui sont contenus dans le sol et fait que » les parties nutritives les plus avantageuses aux plantes » se développent en plus grande quantité. De là vient » aussi qu'elle accélère l'épuisement du sol qui devient » d'autant plus stérile si on ne lui donne de nouveaux

» engrais. C'est pour cela que lorsqu'on amende avec la » chaux il est si nécessaire de fumer aussi avec des en- » grais d'étable ou d'autres du même genre. »

Ces essais sur l'action de la potasse et de la soude par M. Is. Pierre, et surtout l'appréciation des effets de la chaux sur les engrais par M. Thaër, pouvaient presque nous dispenser de faire des expériences à l'appui de notre théorie. Nous avons cru néanmoins devoir nous livrer à quelques recherches directes pour en rendre la démonstration plus évidente.

Nous avons fait nos essais avec du terreau recueilli dans de vieux troncs de saule. Nous l'avons tamisé pour séparer les corps étrangers, les feuilles et les fragments de bois et surtout afin que la poudre obtenue fut bien homogène. Après cela nous en avons mis à macérer à 12° de température, 1° dans de l'eau pure, 2° dans de l'eau ammoniacale, 3° dans une solution de carbonate d'ammoniaque, 4° dans une solution de carbonate de potasse, 5° dans une solution de carbonate de soude.

Dix jours après nous avons jeté ces diverses macérations sur des filtres et nous avons observé les faits suivants :

La liqueur provenant de l'action de l'eau était à peine ambrée ; elle filtrait avec rapidité.

Les liqueurs provenant de l'action, soit du carbonate

de potasse, soit du carbonate de soude, avaient la couleur de la mélasse. Elles filtraient lentement, sans doute à cause de la présence de l'ulmate qu'elles tenaient en dissolution et auquel elles devaient leur couleur et leur densité.

Les solutions obtenues par l'eau ammoniacale et par l'eau tenant en dissolution du carbonate d'ammoniaque étaient moins brunes que les précédentes, soit parce que l'ulmate d'ammoniaque est moins coloré, soit parce que l'action de l'ammoniaque sur l'acide ulmique est plus lente que celle des alkalis minéraux.

L'ammoniaque et le sous-carbonate d'ammoniaque mis en contact avec le terreau déjà traité par l'eau, et qui n'avait donné avec ce menstrue qu'une solution presqu'incolore, ont réagi avec la même intensité que sur celui qui n'avait pas été lavé et ont donné une solution brune.

Toutes les solutions obtenues sous l'influence d'un alkali et qui avaient une coloration plus ou moins brune ont été traitées par quelques gouttes d'acide sulfurique et dès que l'excès d'alkali a été saturé, la liqueur est devenue louche et il s'est formé un précipité floconneux brun d'ulmine ou acide ulmique plus ou moins abondant selon la coloration des liqueurs. Cette dernière expérience nous a paru surtout remarquable lorsque, au lieu d'opérer sur un liquide obtenu après dix jours seulement de macération, nous avons traité du purin recueilli dans une fosse à fumier un peu ancienne. Ce liquide, après sa filtration, ressemble à une forte infusion de café. Quelques gouttes d'acide le troublent instantanément et après quelques heures de repos on voit un énorme précipité recouvert par un liquide à peine coloré.

C'est donc du purin et non des liquides provenant de la réaction trop peu de temps prolongée d'un alkali sur le terreau que nous avons cru devoir faire l'objet d'une étude un peu plus approfondie, d'autant mieux que nos recherches avaient ainsi l'avantage de porter sur un liquide fourni directement par les engrais.

Mais d'abord établissons bien la distinction entre le *purin* et la *lizée* (appelée aussi *lizier* ou *gulle*), que l'on voit souvent confondus dans les ouvrages d'agriculture, même dans l'excellent traité de M. Thaër, sans doute parce qu'ils sont l'un et l'autre un engrais liquide. Leur nature n'en est pas moins très-différente sous d'autres rapports.

De la lizée. Dans les écuries où l'on tient le bétail sans litière, une rigole pratiquée derrière ces bêtes est destinée a recueillir leur urine et à la conduire dans des fosses construites en beton ou en maçonnerie. Les eaux qui servent à laver les places ou tombent les gros excréments se rendent aussi dans les mêmes fosses avec les matières qu'elles entraînent.

Ce mélange d'urine, d'eau et d'excréments a beaucoup d'analogie avec l'engrais flamand. Comme lui, il est formé de matériaux, ou entièrement liquides, ou atténués par la digestion. Une fermentation ultérieure transforme l'urine en ammoniaque. Celle-ci réagit sur les excréments, les rend solubles et achève de rendre la masse homogène.

Il y a cependant lieu de croire que la composition chimique de cet engrais doit être variable selon la proportion dans laquelle les éléments qui le constituent ont concouru à sa formation. Tout porte à penser que lorsque la fermentation est terminée dans une fosse, le liquide qu'on en retire doit contenir un excès d'ammoniaque, car l'urine est toujours, dans ces liquides, en quantité surabondante. Quoi qu'il en soit, c'est à cet engrais liquide qu'il faut exclusivement donner le nom de lizée.

Ce liquide se distingue aisément du purin par les caractères suivants : les acides n'y forment pas un précipité abondant; le précipité est floconneux et reste en suspension; la liqueur qu'on en sépare par le filtre, quoique peu colorée, contient une forte proportion de matières organiques. Le sous-acétate de plomb y détermine la formation d'un précipité énorme. Si on en conserve pendant quelque temps dans un vase, il se recouvre de moisissure; enfin ce liquide, mis à évaporer, laisse un résidu d'un brun fauve, abondant, et qui, chauffé dans un matras, au bain de sable, se comporte comme toutes les matières organiques animalisées.

Du purin : lorsqu'on enlève des écuries des fumiers qui n'y ont pas séjourné longtemps et qui sont surchargés de liquides, ou bien, lorsque sur ces fumiers, récemment mis en tas, il tombe beaucoup de pluie, le liquide qui s'échappe par le bas et qui est ambré, odorant et fermentescible, n'est pas encore autre chose que de la lizée.

Mais il n'en est pas de même lorsque le fumier entassé depuis longtemps a subi la fermentation qui le transforme en engrais, c'est-à-dire qui le fait passer plus ou moins complétement à l'état soluble. Si, alors, on l'arrose sans mesure ou si une pluie trop abondante le pénètre, il laisse échapper, à travers les couches inférieures, un liquide plus ou moins foncé, brun ou noir et plus ou moins épais, selon qu'il est fourni par un fumier plus ou moins ancien, ou selon la quantité d'eau qui a lavé ce dernier. C'est ce liquide qui est le vrai purin et dont nous allons énumérer les principaux caractères.

Le purin, pur de tout mélange avec de l'urine non encore décomposée ou avec des excréments qui n'ont pas encore subi la fermentation fimaire, est inodore ; il est, selon sa densité, d'une couleur plus ou moins brune et quelquefois presque noir ; filtré et conservé dans des flacons ouverts il ne présente, même à une température de 25 à 30°, aucun symptôme de fermentation ; il ne laisse dégager aucun gaz, il ne forme aucun dépôt au fond du vase.

Il est sans action sur le papier de tournesol et sur le papier de curcuma.

Les acides se décomposent instantanément et y forment un précipité abondant. Ce précipité, recueilli sur un filtre, est d'abord grisâtre et gélatineux tant qu'il est hydraté; mais en se desséchant il devient noir, friable, à cassure brillante comme du jais. Mis sur les charbons ardents il laisse dégager peu de vapeurs, qui n'ont pas d'odeur ammoniacale et ne forment pas, à l'approche d'un tube de verre mouillé d'acide chlorhydrique, les vapeurs caractéristiques de l'hydro-chlorate d'ammoniaque; enfin il s'enflamme et brûle avec une flamme blanche.

Si l'on met ce précipité desséché à macérer dans l'eau distillée, il la colore à peine, même après plusieurs jours de contact; en d'autres termes, il est devenu insoluble et l'eau ne lui enlève d'autres parcelles colorantes que celles qui avaient échappé à l'action de l'acide au moyen duquel a été décomposé le purin.

Mais si l'on ajoute à l'eau dans laquelle on a mis à macérer ce précipité desséché, qui n'est maintenant autre chose que de l'acide ulmique, quelques gouttes d'ammoniaque, à l'instant même l'eau se colore en brun; bientôt tout le précipité est dissous, et le liquide a repris tous les caractères du purin.

Le purin, ainsi reconstitué, se comporte absolument comme le purin recueilli dans les fosses situées auprès des tas de fumier. Il est inodore; il ne présente aucun phénomène de fermentation; il ne laisse dégager aucun gaz; il ne s'y forme aucun précipité; en un mot il paraît inaltérable, du moins spontanément. C'est désormais une combinaison stable comme celle de tous les sels. Desséché à une douce chaleur, il n'éprouve aucune perte ni aucune altération, et il suffit alors de le remettre en contact avec l'eau pour lui redonner tous ses caractères primitifs.

Lorsqu'on fait évaporer le purin sans lui avoir fait subir aucun traitement, on obtient une matière extractive noire, difficile à dessécher et très-hygrométrique. M. le professeur Balard a bien voulu, sur notre demande, en faire l'analyse. Il l'a traitée par le procédé de dosage de l'azote de MM. Warentrap et Wil, et a trouvé qu'elle renfermait 5,8 d'azote pour 100.

A l'ensemble des caractères chimiques que présente le purin et d'après les résultats de l'analyse dont nous venons de rendre compte, on reconnaît évidemment que le purin, proprement dit, n'est autre chose que de l'ulmate d'ammoniaque. C'est le résultat final de la fermentation limaire; c'est sous cette dernière forme que les engrais organiques constituent l'aliment immédiat des racines, et celui-ci répond merveilleusement à tous les besoins de la plante, puisqu'il renferme à la fois l'eau, le carbone et l'azote, associés dans les proportions les plus conformes à la composition chimique du tissu des végétaux; il jouit du précieux avantage d'être désormais, comme un véritable sel neutre, inaltérable dans sa constitution; il n'est pas volatil et ne peut pas se dissiper dans l'atmosphère; il se dessèche et reprend l'état liquide, selon les circonstances météorologiques, sans souffrir aucune espèce d'altération ; enfin il demeure toujours propre à l'absorption par les racines sous la seule condition d'être dissous par la pluie (1).

Quoique l'étude que nous venons de faire sur le purin nous paraisse une démonstration suffisante de la transformation définitive des engrais organiques en ulmate d'ammoniaque, nous reviendrons cependant sur les expériences auxquelles nous avons soumis le terreau pour signaler un fait d'une grande importance.

Le phénomène que nous voulons signaler, c'est celui qu'a présenté le carbonate d'ammoniaque dans sa réaction sur le terreau. Le bouchon du vase dans lequel se faisait la macération ayant été enlevé après deux jours, il y a eu comme une petite détonation due à la sortie d'un gaz comprimé, et en même temps nous avons remarqué un dégagement de gaz très-sensible au milieu de la masse du terreau. Ce dégagement a pu être observé pendant les

(1) Si nous ne faisons mention, dans cet article, que de l'ulmate d'ammoniaque, c'est que c'est le seul ulmate dont il nous importe de constater la formation dans les engrais ; mais il nous paraît indubitable que le purin doit aussi renfermer de l'ulmate de potasse et de l'ulmate de chaux. Nous sommes même porté à penser que c'est plutôt à l'état d'ulmate que de carbonate que la chaux est absorbée, parce qu'elle est soluble dans le premier cas, tandis qu'elle ne peut le devenir dans le second que sous l'influence longtemps soutenue d'une grande quantité d'acide carbonique, que nous ne croyons pas aussi abondant dans le sein de la terre qu'on le suppose ordinairement.

dix jours qu'a duré l'expérience, et nous nous sommes assuré que le gaz qui se dégageait était de l'acide carbonique.

La même expérience, répétée avec du terreau préalablement tenu en macération dans l'eau pure et privé de tout ce qu'il pouvait contenir de soluble au moyen d'un lavage par déplacement longtemps continué, a donné les mêmes résultats.

Ce fait nous a paru si important que nous avons cru devoir renouveler plus d'une fois la même expérience. Les mêmes phénomènes se sont toujours reproduits, et lorsque, pour les rendre plus manifestes, nous avons mis dans le flacon une plus grande quantité de terreau et n'avons par conséquent laissé que peu de vide, au moment où nous l'avons ouvert, après quatre à cinq jours de macération, le dégagement de gaz acide carbonique a été si violent qu'une partie de la masse fluide a été projetée au loin. Nous sommes porté à croire que le flacon aurait fini par éclater si nous ne l'avions pas ouvert.

Une réaction si énergique nous a fait d'abord soupçonner que le terreau renfermait peut-être quelque acide libre, autre que l'acide ulmique, auquel il faudrait rapporter la décomposition du carbonate d'ammoniaque ; mais une macération de plusieurs jours du même terreau dans de l'eau pure n'a donné qu'un liquide auquel le papier de tournesol est demeuré insensible.

Ces expériences démontrent indubitablement la dé

composition du carbonate d'ammoniaque avant son absorption par les plantes, fait capital dont on peut tirer deux conséquences importantes : 1° que l'acide carbonique du carbonate d'ammoniaque ne doit pas être compté ou mérite à peine d'être compté dans l'alimentation souterraine des plantes; 2° que l'ammoniaque se combine dans le sein de la terre avec un acide plus puissant que l'acide carbonique pour former avec lui cette combinaison quaternaire dans laquelle se retrouvent à la fois tous les éléments nécessaires à la plante, et qui est le plus substantiel de tous ses aliments et exige par conséquent le moins de travail', de la part des racines, pour son assimilation (1).

---

(1) La grande solubilité de l'ulmate d'ammoniaque ne permet pas de douter qu'il suffit que les spongioles absorbent un décilitre d'une solution de cette substance pour introduire dans l'organisme 1 gramme de carbone. Au contraire, dans l'hypothèse que le carbone n'est absorbé par les spongioles qu'à l'état d'acide carbonique, on arrive, par le calcul du volume de gaz nécessaire pour représenter un gramme de carbone, à un chiffre exhorbitant.

En effet, M. Boussingault a analysé l'air renfermé dans le sein de la terre; il a trouvé qu'il contenait 22 à 23 fois plus d'acide carbonique que l'air atmosphérique. Comme cette proportion peut varier selon les circonstances et les lieux, on nous permettra d'élever la moyenne à 25.

Puisque l'air atmosphérique contient $\frac{4}{10,000}$ d'acide carbonique, l'air qui environne les racines en contient, d'après ce qui précède, 25 fois $\frac{4}{10,000}$, c'est-à-dire $\frac{100}{10,000}$ ou bien $\frac{10}{1000}$ ou bien enfin $\frac{1}{100}$.

On se ressouvient, sans doute, que nous avons donné plus haut la composition en poids du gaz acide carbonique. Un litre renferme

Ici nous devons, en faveur des agriculteurs, faire observer que si nous avons cherché à constater la similitude d'action des divers alkalis comme dissolvants de l'humus, nous n'entendons pas insinuer que tous offrent les mêmes avantages que l'ammoniaque, ce qui serait une grave erreur. S'il faut du carbone pour l'alimentation souterraine des plantes, il faut aussi un peu d'azote, et les alkalis minéraux n'en fournissent pas. D'ailleurs l'ammoniaque se forme d'elle-même au sein des fumiers; elle est par conséquent moins coûteuse, et, de plus, elle est éminemment diffusible. Lorsque son action est achevée sur un point, elle peut porter son excédant sur un autre, et mettre ainsi dans la masse des fumiers une uniformité de fermentation que ni la soude, ni la potasse, ni la chaux ne sauraient procurer. L'azote est donc, à la fois, et un

---

o gram., 432 de carbone. Nous avons aussi prouvé que les spongioles ne jouissent pas, dans l'acte de l'absorption des liquides, de la faculté de discerner, de choisir, d'analyser, d'éliminer. Leur pouvoir absorbant est purement passif. Elles livrent indifféremment passage à toute espèce de liquides, même à ceux qui leur sont inutiles, même à ceux qui leur sont funestes. Il doit nécessairement en être de même à l'égard des matières gazeuses. Les spongioles sont inhabiles à en faire le départ. En absorbant l'acide carbonique (si tant il était vrai qu'elles fussent destinées à cette fonction), elles doivent laisser pénétrer avec lui l'air atmosphérique auquel il est mêlé. Chaque litre d'acide carbonique aura donc pour cortége inséparable un hectolitre d'air commun; par conséquent, pour gagner un gramme de carbone, la plante devra faire circuler dans ses vaisseaux et faire remonter jusqu'aux feuilles qui seules ont la faculté de réduire l'acide carbonique, deux cent cinquante litres de ce mélange gazeux.

Ces chiffres n'ont pas besoin de commentaires.

aliment et la base du meilleur des agents chimiques pour rendre alibiles les autres matériaux nécessaires à la plante.

De ce qui précède, les agriculteurs pourront tirer plusieurs conséquences pratiques. Citons-en quelques-unes :

1° Puisque l'azote ne fournit pas à lui seul tous les matériaux nécessaires à l'engraissement des plantes, on ne doit pas admettre sans restriction le calcul présenté par M. Is. Pierre pour établir la valeur de l'urine. D'après ce savant professeur, la perte d'un kilogramme d'urine correspond à celle d'un kilogramme de blé, puisque un kil. d'urine renferme autant d'azote que 1 kilogramme de blé.

C'est, à peu près, comme si l'on disait que la perte de 10 grammes de bois de chêne correspond à la perte d'un kilogramme d'acier, attendu que dans 10 grammes de bois de chêne il y a autant de carbone que dans un kil. d'acier.

On doit, il est vrai, regarder l'urine comme l'un des plus utiles éléments des engrais ; mais il ne faut pas perdre de vue que si elle peut fournir les 16 grammes d'azote qui entrent dans la formation de chaque kilogramme de blé, c'est d'ailleurs que viennent les 984 grammes restant à parfaire le poids total du blé, ainsi que deux kilogram. de matériaux pour la formation des racines, feuilles, glumes, balles et barbes destinées à porter les épis et à protéger le grain, et que ce serait folie de compter uniquement sur la munificence de l'atmosphère pour fournir cet énorme complément.

Les agriculteurs sauront donc qu'il ne faut pas perdre un seul litre d'urine, parce que ce serait perdre une certaine quantité d'un précieux ferment de fumier. Mais ils sauront qu'avec un litre d'urine il faut aussi 2 kil. 984 gram. de matières végétales pour faire rendre à leur champ un kilog. de blé en sus de ses produits ordinaires.

2° Les agriculteurs comprendront le mot *équivalent-d'engrais* dans un sens différent de celui que la plupart d'entr'eux y attachent actuellement. Ainsi, par exemple, quand ils liront que 2223 kil. de paille de pois sont l'équivalent de 10,000 kil. de fumier de ferme (Tabl. des équiv. d'engr.), ils sauront que l'égalité n'existe qu'entre les quantités d'azote que contiennent les deux termes de comparaison; mais ils se garderont bien d'en induire qu'on puisse fumer aussi fructueusement un champ avec une certaine quantité de paille de pois qu'avec une quantité quadruple de fumier de ferme. Ce serait une déplorable erreur qu'ils ne tarderaient pas à reconnaître à leurs dépens.

3° Lorsqu'on leur vantera un engrais concentré comme pouvant remplacer, avec un poids de 3 ou 4 kilogrammes, 10,000 kil. de fumier de ferme, ils ne se laisseront pas éblouir par ces pompeuses annonces; mais si cet engrais concentré est riche en azote et si on n'en demande pas un prix beaucoup plus élevé que celui de l'urine, ils en achetteront avec empressement pour le faire servir à confectionner de véritables engrais en le mêlant avec des pailles ou d'autres débris végétaux.

4° Quand ils voudront faire usage de l'ammoniaque, de la soude, de la potasse ou de la chaux, ils sauront que ces agents ne peuvent pas plus remplacer, pour les plantes, le fumier de ferme que la liqueur qu'on appelle absinthe ne peut tenir lieu à l'homme de pain et de viande ; mais ils les utiliseront avec fruit pour hâter la décomposition des pailles ou celle des débris végétaux encore insolubles que contient en abondance le sol des vieilles prairies rompues, et ils accorderont la préférence à l'ammoniaque qui, seule entre tous les alkalis susnommés, contient l'azote nécessaire aux plantes.

5° Lorsqu'ils auront une surabondance d'urine et trop peu de paille pour en faire une litière capable de l'absorber, ils devront, à l'imitation des agriculteurs suisses ou belges, établir des fosses à lizée, parce que ce procédé offre l'avantage économique de ne rien laisser perdre des excréments des animaux. Mais ils n'en comprendront pas moins que ce moyen n'est qu'un pis-aller, car ces liquides sont un ferment suffisant pour produire avec de la litière une masse d'engrais bien plus considérable.

6° De même lorsqu'ils pourront se procurer des vidanges de latrines, ils se garderont de prendre pour modèle les manipulations de Montfaucon. Ils comprendront que c'est par suite de l'impossibilité où l'on est à Paris de se procurer à bas prix une quantité de paille suffisante pour utiliser ces produits, et celle de transporter au loin, à grands frais, les masses énormes de fumier qu'ils pourraient produire et qui seraient suffisants pour plusieurs départements, que l'on s'est résigné à ce mode d'exploitation coûteux et insalubre, qui n'aboutit qu'à réduire ces matières à leur plus faible valeur possible.

Quant à eux, ils délayeront ces matières dans l'eau et en imbiberont des pailles ou autres débris végétaux qui se transformeront en excellents engrais dix fois plus abondants ; car ils sauront désormais qu'employer les excréments à l'état sec, répandre l'urine telle qu'elle a été produite, c'est consommer de la levure sans en faire du pain, c'est boire du ferment sans en faire du vin.

7° Ils sauront théoriquement et pratiquement distinguer et employer, selon les besoins de leur exploitation, les engrais à culture intensive et les engrais à effets lents et durables, en prenant les premiers parmi ceux qui sont liquides ou assez chargés d'ammoniaque pour devenir très-prochainement solubles ; les seconds, dans les fumiers pailleux, qui n'ont pas encore pris la couleur noire, dont la fibre est résistante et qui ne pourront achever leur transformation en ulmate qu'à l'aide de l'ammoniaque renfermé dans le sol.

8° Ceux qui, par crainte d'une trop grande déperdition par l'effet de la *combustion lente*, ne jettent leurs engrais qu'au moment des semailles et perdent ainsi doublement et par la combustion lente qui est infiniment plus sensible sur des masses entassées, et par la diminution de volume des engrais qui, lorsqu'ils sont trop consumés, se prêtent plus mal à leur épandage, seront désormais rassurés à cet égard, et n'hésiteront pas à enfouir leurs engrais dans les champs au fur et à mesure qu'ils seront convenablement prêts.

Quant à ceux à qui l'expérience a déjà démontré les avantages de cette pratique, et qui ont même pour principe de ne jamais appliquer directement au blé l'engrais qu'ils lui destinent pourtant, mais de le répandre en même temps que la récolte sarclée qui le précède, nous leur ferons observer, s'il en est besoin, que cette méthode, qui offre le double avantage de se débarrasser des mauvaises herbes que les engrais apportent dans les champs et de donner aux fumiers le temps de se convertir en engrais solubles avant les semailles du blé, n'est rationnelle, cependant, que lorsqu'il s'agit de fumiers organiques peu décomposés, c'est-à-dire des fumiers ordinaires de ferme ; car si l'on employait à cette destination des engrais ou liquides ou entièrement solubles, la récolte sarclée les absorberait à peu près entièrement, et le blé n'en ressentirait que très-faiblement les effets.

9° Enfin sachant maintenant que les engrais organiques proviennent uniquement de la réaction d'un alkali sur les matières végétales, ils ne regarderont plus les recettes plus ou moins alambiquées des engrais factices comme des formules sacramentelles auxquelles il faille s'asservir judaïquement et pour le choix des ingrédients et pour leur proportionnalité, sous peine d'avoir un produit inefficace. Tout ce que l'engrais Jauffret et dix autres analogues pouvait offrir de mystérieux à leur esprit s'évanouira. Ils n'y verront plus à l'avenir que les deux éléments essentiels dont ils se composent, un alkali et des débris végétaux quelconques.

L'ammoniaque fournie par les matières fécales et les urines ; la chaux vive ; les cendres non lessivées (potasse); le salpêtre qui en présence d'un agent de réduction se transforme en ammoniaque et en potasse ; la vesce macérée dans l'eau qui fournit de l'azote, c'est-à-dire de l'ammoniaque ; le crotin de mouton et de chèvre, très-riche en ammoniaque, voilà tous les agents alkalins indiqués par Jauffret et ses imitateurs, dont plusieurs ont publié des recettes dont ils ne soupçonnaient même pas la théorie.

Quant à l'élément destiné à fournir le carbone, chacun employera celui qu'il aura à sa disposition. Il n'y a entre eux d'autre différence que le plus ou moins de dureté de tissu qui exige plus ou moins d'alkali ou un temps plus ou moins long pour accomplir l'opération.

Nous ne pousserons pas plus loin cette énumération. Chacun saura faire l'application du principe que nous avons établi aux diverses circonstances dans lesquelles il aura ou à confectionner, ou à acheter, ou à employer des engrais. Nous nous bornerons donc, pour résumer notre travail, à formuler les cinq théorèmes suivants :

A. Les engrais formés de matières organiques ont, sur la végétation, une intensité d'action proportionnelle à leur solubilité, et la durée de leurs effets est en raison inverse. Ils doivent, presque toujours, leur solubilité à l'action de l'ammoniaque, soit que celle-ci se soit développée dans leur sein par la décomposition des matières organiques azotées, soit qu'on la leur ait fournie sous forme de sels ammoniacaux, soit enfin qu'ils l'aient puisée dans la réserve que le sol contient toujours en abondance, ou qu'ils aient utilisé celle qui se forme naturellement à sa surface.

B. Les engrais formés de matières organiques produisent leur entier effet sur une récolte, lorsqu'il est entré dans leur composition une proportion de substance organique azotée, ou d'ammoniaque, suffisante pour activer et compléter la fermentation des autres matières organiques qui en sont la base, et amener celles-ci à l'état soluble pendant l'espace de temps que cette récolte est sur pied. Ce sont les engrais de cette nature que l'on applique à la culture intensive.

C. Si dans un engrais formé de matières organiques la proportion des substances azotées ou de l'ammoniaque est trop faible, toutes les matières végétales qui en font partie ne seront pas assez décomposées pour pouvoir être absorbées dans l'espace d'une année. Une partie restera dans le sol ou à l'état de fibres non désagrégées, ou à l'état d'humus insoluble, et formera une réserve accumulée au profit des récoltes ultérieures.

D. Si la proportion des substances organiques azotées

ou d'ammoniaque est excessive, non-seulement tout l'engrais sera dissous et absorbé, mais l'excès d'ammoniaque réagira sur l'humus précédemment resté dans le sol, le rendra soluble et absorbable, et le sol se trouvera, après cette réaction, plus pauvre qu'il n'était antérieurement.

E. Lorsque, sous l'influence de l'ammoniaque ou de tout autre agent chimique, physique, mécanique ou physiologique, un engrais aura été amené à l'état soluble avant son épandage dans le sol, il importe peu qu'il soit très-riche en azote ; il suffira qu'il en renferme la petite proportion assimilable par les végétaux. Toutes les plantes, à quelque famille naturelle qu'elles appartiennent, prospéreront très-bien à l'aide de cet engrais quand même il ne retiendrait que $\frac{1}{500}$ d'azote (engrais flamand.)

FIN.

On nous permettra de placer ici une observation destinée à prévenir une série d'objections qui paraîtraient avoir une valeur d'autant plus grande qu'elles seraient fondées sur des expériences contraires à notre théorie. Le soin religieux avec lequel nous nous sommes abstenu de parler de l'action des stimulants, et la loi que nous nous sommes imposée de ne considérer dans les engrais, par une abstraction théorique, que leurs fonctions alimentaires pour les racines, nous ont mis dans l'impossibilité d'expliquer certaines expériences qui démontrent clairement que le rôle alimentaire des engrais ne suffit pas pour rendre compte de certains résultats obtenus.

Quoique persuadé d'avance du préjugé que soulèverait contre nous ce silence à l'égard des effets des stimulants et de leur part d'action dans l'engraissement des plantes, nous avons mieux aimé faire l'aveu de notre impuissance que de nous engager dans une entreprise qui dépasse de beaucoup nos connaissances.

Nous prions donc nos lecteurs de ne nous demander que ce que nous avons promis. Ce n'est, nous l'avouons, qu'un des côtés de la question des engrais. Notre étude, prise isolément, est évidemment incomplète ; mais elle servira, nous l'espérons, de pierre d'attente pour la confection de l'œuvre entière.

Nous savons en quelles mains habiles est placée aujourd'hui la question des stimulants, et nous avons pleine confiance que lorsque cette seconde partie de la théorie de l'engraissement des plantes sera terminée, nous verrons paraître sur cette matière un traité complet, dans lequel on démontrera, en se fondant sur le double mode d'alimentation des plantes, le concours simultané des engrais et des stimulants, en indiquant, pour ces derniers, leur choix, leur composition, les proportions dans lesquelles il faudra les associer aux engrais, etc., etc. ; mais il y a encore beaucoup à faire.

Louis Groc, Imp.-Lib.

www.ingramcontent.com/pod-product-compliance
Ingram Content Group UK Ltd.
Pitfield, Milton Keynes, MK11 3LW, UK
UKHW021104260726
13994UKWH00002B/694